Portrait moderne de la gauche française

Collection *Monde en cours*
créée par Jean Viard

Ouvrage édité par Manon Viard,
dans le cadre d'une coédition
dirigée par Laurent Cohen et Jérémie Peltier

www.editionsdelaube.com

ISBN 978-2-8159-5887-5

Adrien Broche

Portrait moderne de la gauche française

Débats d'idées des années 2010 à nos jours

éditions de l'aube
fondation jean-jaurès

Introduction

J'achève la rédaction de ce livre alors que le feuilleton ouvert après les élections européennes s'est finalement soldé par la nomination de Michel Barnier en tant que Premier ministre. Sa désignation par le président de la République au terme d'une interminable et souvent pénible séquence qui n'est que le début de la crise politique dans laquelle il semble que la France soit engluée signifie d'abord qu'il fut – au moment de sa nomination – considéré comme le plus à même de recueillir une majorité négative, c'est-à-dire de ne pas être censuré d'office à l'Assemblée nationale.

Face à cela, une large partie de la gauche politique et intellectuelle s'est insurgée, clamant avoir vainement fait sa part du travail: annonce immédiate du désistement des candidats Insoumis à l'issue du premier tour des élections législatives, proposition d'un nom de Premier ministre commun à la coalition Nouveau Front populaire (NFP), amendement de la proposition de constitution d'un gouvernement pour débrancher l'argument présenté par le camp présidentiel relatif à la place des Insoumis dans le gouvernement hypothétique du NFP. S'il était nécessaire de donner à ce travail une coloration d'actualité afin de l'inscrire au plus proche de l'actualité politique et sociétale, la séquence ouverte par la dissolution de l'Assemblée nationale n'aura rien apporté de bien nouveau à l'état des discussions et du débat d'idées à gauche. Deux points nous ont néanmoins semblé notables. Premièrement, que l'efficacité du front républicain fut inversement proportionnelle à la complexité de sa définition. Après avoir longtemps relevé de l'évidence car se définissant par la négative (« tout ce qui n'est pas le Rassemblement national ») et s'expliquant simplement par la différence de nature qui le séparait des autres formations politiques, l'entre-deux-tours 2024 fit apparaître une myriade de nuances de « front républicain ». Deuxièmement, que les discussions engagées à l'issue des résultats des élections législatives, qui accordèrent à la gauche une préférence parmi les différents perdants, furent incapables d'accoucher sur un gouvernement reposant sur le seul enseignement lisible, mais non consensuel, des élections législatives : la victoire du front républicain.

La responsabilité de la gauche se mesure à son incapacité à reconnaître l'impossibilité d'application de la totalité de son programme et le refus d'une ouverture au dialogue qui aurait du découler du résultat des législatives. Aussi, et plus largement, par l'écrasement d'années de plaidoirie démocratique et parlementaire sous l'éloge contradictoire d'une logique majoritaire, présidentialiste et autoritaire. Le tragique épisode de la « purge » des opposants internes à Jean-Luc Mélenchon en fut la plus frappante manifestation. Il y a pourtant fort à parier que la victoire non avenue, même sans majorité absolue, du Rassemblement national (RN) aurait provoqué une levée de boucliers à gauche à la nomination de Jordan Bardella.

La responsabilité du camp présidentiel réside dans les contradictions internes auxquelles il s'est lui-même enchaîné : difficulté à reconnaître l'expression d'un désaveu démocratique et invalidation du mantra originel – celui d'agir pour anéantir les motivations du vote Rassemblement national (RN). En préférant un gouvernement conservateur appuyé par le soutien sans participation du RN à un gouvernement de gauche sans personnel issu de La France insoumise (LFI), Emmanuel Macron achève la mutation de ses affects politiques et affaiblit la proposition libérale-démocratique qui a fait son identité et sa force en 2017. L'issue de la séquence, en ce mois de septembre 2024, va ainsi à l'encontre du seul enseignement lisible des élections législatives anticipées que furent la permanence et le succès du front républicain.

La droite française peine quant à elle à incarner une proposition politique consistante, ayant fait de la lutte contre le « wokisme » la pierre angulaire de son positionnement idéologique sans s'interroger sur les cadres théoriques qu'elle partage inconsciemment avec une dérive qu'elle entend combattre (sur la *cancel culture*, le rapport parfois ambigu aux principes de l'État de droit, le méfiance vis-à-vis du caractère irrévérencieux du droit d'offenser...). La faiblesse de son corpus doctrinal est manifeste tant elle oscille entre une référence permanente au gaullisme et au libéralisme tout en se montrant incapable de prendre au sérieux ces références, s'agissant de la politique étrangère ou du rapport à la verticalité institutionnelle. En résulte la puérilité d'un camp qui fit durant l'été 2024 des reculs sur une réforme qu'il avait refusé de voter (celle des retraites en 2023), une ligne rouge dans la censure d'un éventuel Premier ministre. Sur l'ensemble de ces aspects, les critiques que nous adressons ne sont nullement partisanes. Elles n'ont qu'une boussole : celle de la cohérence des positions dans un souci de lisibilité politique et donc de clarté pour une discussion démocratique éclairée.

Partagées, les responsabilités de cet échec collectif prennent assise sur de fortes contradictions internes aux logiciels intellectuels des parties prenantes et sur le désalignement entre une stratégie (celle du front républicain) et les conséquences pratiques et politiques de cette stratégie. L'ensemble de ces éléments a ainsi donné à voir le spectacle désolant d'une classe politique incapable de se hisser à la hauteur de l'enjeu, de profiter d'un élan olympique qui, le temps d'une quinzaine, a réveillé ce que la France a de plus beau à dire et à montrer. Pire, cette incapacité du personnel politique à s'élever remit, quelques semaines plus tard, un RN défait par le front républicain au centre du jeu en lui octroyant le rôle d'arbitre dans la possible censure du gouvernement pas encore nommé. Deux temps doivent être distingués. D'abord, celui du désalignement entre les notions de « front républicain » et d'« arc républicain » observé s'agissant du cas de LFI, ayant participé au premier mais exclu du second. Ensuite, l'expression de la préférence pour un Premier ministre non censuré par le RN face à la nomination d'un gouvernement composé de socialistes, d'écologistes et de communistes non censuré par le camp présidentiel. À ce jeu, les quelques personnalités de la majorité qui refusèrent de jouer le jeu du front républicain en excluant LFI dès le début des discussions de l'entre-deux-tours furent – quoi que l'on pense de cette position sur le fond – en toute tranquillité de conscience.

J'achève également ce livre alors que le débat stratégique et idéologique sur les gauches dites « irréconciliables » se réveille et se révèle plus inflammable que jamais. Davantage qu'un théâtre de denses oppositions idéologiques, la séquence qui suivit l'annonce de la dissolution de l'Assemblée nationale fut révélatrice de l'étendue des divergences internes aux gauches, qui ont pris leur forme contemporaine tout au long des années précédentes.

La faiblesse de la réflexion menée depuis plus d'une dizaine d'années par la social-démocratie et plus largement par les parties prenantes au camp progressiste est souvent pointée du doigt. Pourtant, l'absence de production idéologique ne signifie nullement absence de débats d'idées.

Peut-être peut-on même soutenir que la paresse idéologique a parfois eu la vertu contradictoire de faire remonter à la surface quelques enjeux de cohérence intellectuelle qui ont fait tout l'intérêt de la période qui nous intéresse. J'ai tâché de la suivre du point de vue à la fois théorique, celui des idées politiques, mais aussi depuis une position d'observateur des dynamiques à l'œuvre dans l'opinion et la communication publiques.

Les années 2010 ont effectivement été celles du retour de la gauche française aux plus hautes responsabilités politiques. Elles ont à ce titre été le théâtre d'une effervescence de débats de différentes natures, entre les différents acteurs se réclamant de l'écosystème progressiste. Plus largement, elles ont vu le débat d'idées se forger à partir de personnalités ou de groupes externes au champ strictement partisan. La production d'idées, d'origine incontestablement plus éparse qu'auparavant – elle eut à épouser les mutations communicationnelles et l'essor des réseaux sociaux – semble avoir joué un rôle de premier plan dans la diffusion des sujets de clivage, des concepts soumis à la discussion.

Pour traiter un sujet aussi contemporain et aussi vaste, différents choix s'offraient à nous et différents arbitrages s'imposent en conséquence. Celui de l'étendue du corpus documentaire d'abord, celui de la surface temporelle à couvrir ensuite, celui de l'angle à adopter enfin.

S'agissant du corpus documentaire, il s'articule autour des canaux suivants : interviews papiers et presse en ligne, interview télévisuelles, notes de blogs, programmes de campagne, livres rédigés par le personnel politique lui-même, communiqués et notes rédigés des partis et mouvements politiques et, époque oblige, tweets et prises de parole sur les différents réseaux sociaux.

Le point de départ de ce travail réside dans une démarche de mise en ordre des différentes sensibilités, d'explication de leur articulation, avec toute l'humilité que cette ambition exige. Nous proposerons ici une lecture, non exhaustive, qui appelle légitimement à être complétée et discutée. Notre décryptage des débats qui ont animé les gauches françaises des années 2010 à aujourd'hui se fera au travers d'une approche thématique. Le registre chronologique ne répond pas suffisamment pertinemment de la réalité des choses même si différents moments de chronologie peuvent être distingués.

Le premier temps que nous retiendrons est celui de l'élection présidentielle 2012 et sa préparation. Ce moment est celui de l'intensification de la réflexion sur la place à accorder aux classes populaires. Cet enjeu n'est pas seulement central en lui-même : il sera au carrefour de nombreuses discussions qui s'ensuivront.

S'agissant du quinquennat de François Hollande, nous distinguerons trois « moments » apparaissant comme des points de tension :

– un clivage à l'intérieur des gauches : la première partie du quinquennat de François Hollande est marquée par des tensions sur la politique économique et sociale du gouvernement (crédit d'impôt pour la compétitivité et l'emploi, loi El Khomri...). Cette opposition se structure politiquement entre, d'un côté, les tenants d'une ligne « sociale » et d'une politique économique prioritairement dirigée en faveur de la demande que l'on appelle « frondeurs » (une partie de la majorité puis du gouvernement) et, de l'autre, le reste du Parti socialiste (PS), tenant d'une ligne considérée par ses opposants comme social-libérale. Nous n'ignorons pas les controverses s'agissant du terrain sur lequel se joue cette opposition. Certains considérant, comme Jacques Julliard, qu'elle prend forme au sein même de la social-démocratie elle-même entre

« dirigistes » et « libéraux ». Ces débats sont essentiels, mais relèvent du travail de la discipline historique et ne sont pas apparus comme structurants dans le débat d'idées au sein des gauches politiques. Nous le laisserons de côté ici ;

– un clivage plus traditionnellement articulé autour de la gauche et de la droite sur la question scolaire et sociétale. Nous entendons ici les querelles suscitées par la réforme du collège, portée par Najat Vallaud-Belkacem, et l'ouverture du mariage aux couples de même sexe, qui vont être le théâtre d'une opposition traditionnelle entre gauche et droite ;

– enfin, une tension interne aux gauches explose réellement à partir de 2015. Si les ferments préexistaient, les attentats de janvier et de novembre 2015 vont faire surgir la question identitaire et laïque au premier plan des débats. La généalogie et l'étude de ce clivage, particulier et – à certains égards – nouveau à gauche, occuperont une large part de notre réflexion tant sa place a gagné en importance depuis une décennie et tant il s'est avéré structurant.

Le premier quinquennat d'Emmanuel Macron est marqué par la décomposition des gauches, considérablement affaiblies. De 2017 à 2021, les débats sont résiduels, mais marqués par les positions sur la vaccination qui soulève un important débat théorique sur le rapport à la liberté. Le second quinquennat Macron se révèle moins linéaire et marqué par des dynamiques contradictoires, où les séquences d'union – Nouvelle union populaire (NUPES), NFP) – et de déchirement, ouvert par brèches successives et arrêté le 7 octobre 2023, s'entremêlent.

Notre réflexion s'articulera autour d'un conflit devenu central dans les années 2010 en tant qu'il fut structurant des débats et polémiques, au sens le plus noble du terme. En effet, davantage qu'une querelle opposant réformisme et révolution, socialisme et social-libéralisme, c'est celle ayant trait à l'articulation entre la question sociale et la question dite « identitaire » qui se révélera comme présentant le plus de traits inédits. Nous tâcherons de saisir la manière dont ce conflit est apparu et tenterons d'en détailler avec précision sa configuration au sein de la famille progressiste. Ce sera le fil conducteur de notre approche, qui ne se donnera nullement pour ambition de décrire la réalité sociologique de la société française, mais qui s'attachera à la compréhension des origines, des soubassements et la forme des clivages qui animent les représentations collectives et le paysage politique à gauche. Tout au long de ces pages, nous nous emploierons à nous tenir à une triple exigence :

– celle d'identification : identifier les sujets à l'origine de clivages de fond ;

– celle de restitution : restituer les débats de la manière la plus rigoureuse en nous arrêtant le plus souvent possible sur des « études de cas » particulièrement efficaces pour illustrer une position, qui ont animé le camp progressiste ces derniers temps ;

– celle d'interprétation : interpréter la manière dont ces questions impactent la structuration des gauches du point de vue idéologique et politique.

Éléments introductifs

Modernité de la « deuxième gauche » : l'héritage disputé du rocardisme

Alors qu'on ne fait aujourd'hui guère plus clivant que l'étiquette « deuxième gauche », il est devenu courant à bien des égards, pour les différentes composantes de la gauche hexagonale, de se revendiquer à un moment ou à un autre du rocardisme. Ou, du moins, de ne pas trouver non seulement en Michel Rocard, mais aussi dans ce qui est entendu par « rocardisme » des éléments dont on revendique un héritage. À tel point que l'ancien Premier ministre est probablement la dernière grande référence politique à gauche à avoir autant incarné une proposition politique aussi difficile à cerner que clairement identifiée dans le paysage des idées.

Ainsi, les gouvernements du quinquennat de François Hollande ont pu compter des personnalités qui ont au mieux reconnu une allégeance directe à l'héritage intellectuel de Michel Rocard, au pire reconnu une forme de dette envers lui : Manuel Valls, Pierre Moscovici, Michel Sapin, Marisol Touraine, Benoît Hamon…, jusqu'à Emmanuel Macron et François Hollande lui-même. Autant de personnalités du camp progressiste entre lesquelles doivent être reconnues au moins des nuances, au plus de fortes divergences. Même

Jean-Luc Mélenchon n'y échappe pas, en témoigne l'hommage que l'actuel leader de LFI lui rendait à l'annonce de son décès :

> Un éclaireur nous a quittés. Sa vie est une leçon. À chacun de la méditer. [...] En ce temps-là, tous les socialistes étaient de gauche, même très différemment[1].

L'hommage de Jean-Luc Mélenchon à Michel Rocard dit beaucoup de ce que sont devenus les rapports entre une gauche dite radicale et une gauche non plus seulement « réformiste », mais expropriée, selon ses contempteurs, de la pourtant large étiquette de « gauche ».

La droitisation aurait opéré un décalage complet : ce qui relevait de « l'extrême gauche » se décale « à gauche », ce qui relevait de la « gauche » prend la place du « centre gauche », ce qui relevait du « centre gauche » est au mieux considéré comme relevant du « centre », au pire de la « droite ». Ce déplacement dit beaucoup de ce qu'est devenue la compétition à gauche : une mise en exergue de plus en plus intense de clivages protéiformes, participant d'une confusion de repères. Certains s'en réjouiront au motif que ces repères, qu'ils considéraient comme figés, auraient trop longtemps neutralisé la capacité d'action politique par obsession du partisanisme. D'autres regretteront la capacité de structuration de ces repères qui, plus qu'un immobilisme artificiel et politicien, relevait d'une exigence de cohérence intellectuelle aujourd'hui oubliée. C'est, au fond, l'un des problèmes que nous nous donnons pour mission de soulever.

1. Tweet de Jean-Luc Mélenchon en réaction à l'annonce du décès de Michel Rocard, 2 juillet 2016.

Passer du socialisme à la social-démocratie : décalage de nature ou de degré ? Passer de la « gauche vers la droite » : décalage de nature, de morale, de vision, ou simplement de degré ? Pour comprendre ce que signifie « rester à gauche », il est indispensable de savoir ce que couvre l'idée de « passer à droite ». Est-ce faire montre de réticence ou de pusillanimité à l'idée de bouleverser les institutions, de changer les modes de scrutin ? Est-ce plus classiquement assouplir ses positions économiques en faveur du marché ? Est-ce ignorer les enjeux humains et moraux au profit d'une lecture strictement économique et sociale du monde ? Est-ce au contraire minorer la place de l'économie au profit d'une vision strictement immatérielle du monde ? Est-ce souhaiter assouplir les règles de séparation des Églises et de l'État, comme cela a longtemps été le cas, ou est-ce au contraire militer pour davantage de séparation ? La confusion règne.

Revenons-en aux mots de Jean-Luc Mélenchon. Ils sont minutieusement choisis : il n'écrit pas « en ce temps-là, toute la gauche était socialiste ». Cela équivaudrait à contester au Parti son identité socialiste, mais à lui reconnaître celle de « gauche », entendu comme appartenant au camp progressiste. C'est bien « tous les socialistes étaient de gauche » qu'écrit l'ancien membre du PS alors député européen. La lecture est claire : les membres du PS ralliés à une certaine forme de libéralisme économique ne sont plus de gauche, le socialisme est pour eux une étiquette qui ne dit rien de leur positionnement intellectuel et politique. Puisqu'il existe une gauche non socialiste, mais pas de socialisme qui ne relève pas de la gauche, le point soulevé par Mélenchon est cardinal : la critique qu'il adresse au PS ne porte pas sur son inscription dans la tradition socialiste, mais sur son appartenance à la gauche tout entière. Sur cette question du référentiel, un cap est franchi depuis la phrase de Lionel Jospin affirmant que le projet qu'il proposait alors au pays dans le cadre de l'élection présidentielle n'était « pas un projet socialiste[1] ». Encore pouvait-il être de gauche. Désormais, si l'on suit la pensée de Jean-Luc Mélenchon, certains socialistes ne le sont que par l'étiquette qui masque mal leur tiède affiliation social-démocrate. Ceux-là ne relèveraient plus de la catégorie, pourtant extensive, qui est celle de la « gauche ». En déniant aux socialistes leur appartenance à la gauche, il ne leur attribue même pas les mérites de la « social-démocratie », qu'il prend par ailleurs au sérieux, mais comme une expérience dépassée, qui n'est plus à l'ordre du jour :

> À la chute du bloc soviétique, la social-démocratie a pris le devant de la scène partout en Europe [...]. La logique sociale-démocrate restait la même : si le capitalisme se porte bien, pourquoi le combattre ? Il suffira d'obtenir des arrangements même maigres pour les travailleurs et, progressivement, les inégalités se réduiront. [...] Le rapport de force s'est profondément dégradé par la situation environnementale et la crise écologique. Comment continuer à promouvoir une stratégie politique fondée sur la redistribution des fruits de la croissance et son absurdité dans un monde fini ? Le logiciel social-démocrate n'est pas mort en raison de son absence de cohérence ou de son manque d'ambition politique, il n'est tout simplement plus adapté à la situation[2].

Deux constats doivent ainsi être posés. D'abord, l'évolution générale du rapport des gauches française à la transformation de la société tire la gauche vers sa droite. Le contenu du Programme commun de François Mitterrand se révélait,

1. Interview de Lionel Jospin par David Pujadas, 21 février 2002.
2. Interview de Jean-Luc Mélenchon par Vincent Ortiz, « Le vent se lève », 13 décembre 2023.

à bien des égards, plus radical que celui de LFI en 2022, s'agissant notamment du rapport au capitalisme ou aux nationalisations. Ensuite, et c'est une conséquence, il semble que bien des débats actuels à gauche se jouent au sein même d'une famille à gauche qui n'a que peu de rapports avec la doctrine marxiste. Précision importante : le débat sur la pertinence de son assimilation à la « social-démocratie » ne nous intéressera pas ici, il en ressort de la compétence des historiens du socialisme. Nous nous concentrerons sur les références telles qu'elles sont énoncées et utilisées par les camps pour tâcher d'analyser en quoi elles structurent les clivages sur la période contemporaine qui retient notre attention.

Le travail entrepris par les mots de Jean-Luc Mélenchon est celui d'une délégitimation de la capacité du PS à incarner non pas une version réformiste – qu'il attribue à la personne de Michel Rocard –, mais à incarner ne serait-ce qu'une politique relevant de la catégorie « gauche ». Le décalage est donc acté, Jean-Luc Mélenchon le reconnaît lui-même, définissant Michel Rocard comme « un anticommuniste absolument primaire mais un esprit engagé dans la gauche », allant même jusqu'à dire du rocardisme qu'il fait « quasiment figure de gauchisme à côté des Valls, des Macron ».

Mélenchon et Rocard partageraient ainsi une culture « de gauche » qui leur assurerait un socle commun de valeurs que le premier ne partage pas avec « les Valls, les Macron ». Quel peut être ce socle ? Tout semble pourtant opposer Jean-Luc Mélenchon à Michel Rocard si l'on se réfère à ce qui est souvent entendu par l'opposition entre les différentes traditions de la gauche.

Au cœur des malentendus, les ambivalences de « l'héritage deuxième gauche »

L'héritage deuxième gauche prendrait aujourd'hui la forme d'une gauche culturellement libérale en ce qu'elle s'oppose à l'héritage d'un marxisme républicain, ou « national-thorézisme », selon l'expression forgée par Annie Kriegel. Ces sensibilités, parfois assimilées à une « première gauche », font l'objet d'une double accusation : celle d'ignorer les revendications des minorités (ethniques, confessionnelles...) par préférence pour une lecture socio-économique des réalités sociales, et celle de faire la part belle à un républicanisme considéré comme bourgeois, prompt à conserver les avantages des classes favorisées. D'où le problème majeur rencontré par une frange de la gauche que l'on propose de qualifier de « réformiste-républicaine » ou de « social-démocratie patriote » : issue de la famille antitotalitaire, elle refuse pourtant de s'inscrire dans l'héritage direct d'une deuxième gauche qui ne partagerait pas sa forte référence républicaine.

On peut y déceler le reproche adressé au rocardisme d'une forme de cohérence intellectuelle entre une mise à distance de l'État à la fois sur le plan économique et de l'État républicain sur le plan culturel. Nous y reviendrons, mais le rapport à la laïcité est ici particulièrement illustrant. Une forte tension apparaît dès lors à l'intérieur de la famille « libérale de gauche » lorsque toute une frange pourtant imprégnée d'antitotalitarisme et très éloignée d'un anti-américanisme primaire (très influent dans les franges marxistes et souverainistes) fera de la lutte contre l'interprétation « anglo-saxonne » de la laïcité un marqueur de son ossature intellectuelle.

Au fond, la position réformiste-républicaine retient deux enseignements du rocardisme. D'abord, l'expression d'une confiance dans l'économie de marché et un rapport moins complexé à la liberté économique. Ensuite, elle fait sienne les critiques adressées par la deuxième gauche au marxisme : impensé du politique et lecture centrée sur le conditionnement des superstructures par les rapports de production. La question des « valeurs » voire de la « morale » est prise au sérieux, contre la tradition marxiste. C'est l'un des points de départ de la réflexion de Christophe Prochasson évoquant ce qu'il désigne comme un « amoralisme marxiste » propre à la fois au marxisme et au socialisme utopique :

> Marx et les marxistes (des amis français de Jules Guesde, les « guesdites », aux communistes du monde entier) n'ont pas rompu avec l'amoralisme de ces « premiers socialistes ». Ils en ont conservé l'économisme et le sociologisme. L'œuvre de Marx fait peu de cas de la morale en la réduisant à une production de circonstance, résultat d'un rapport de force entre les classes sociales ou du développement économique[1].

Nous reviendrons plus tard sur l'accusation « d'économisme », ancienne à gauche et motivant une tradition – protéiforme et largement développée sur la période ultra-contemporaine – visant à compléter le socialisme scientifique d'une dimension « morale ». Pour rappeler les vues de Rocard sur ces points, nous proposons de nous appuyer sur son texte *Questions à l'État socialiste*, publié en 1972 :

> Marx décida de pousser beaucoup plus avant la réflexion en matière économique. Et c'est l'immense travail que représente *Le Capital*. [...]. Mais dans tout ce travail, le politique et l'idéologique n'apparaissent que par incidence.

1. Christophe Prochasson, *La gauche est-elle morale ?*, Paris, Flammarion, 2010, p. 30.

> Marx est mort trop tôt pour avoir eu le temps de produire une analyse autonome des phénomènes liés au pouvoir ou des phénomènes liés à l'idéologie ou à la culture[1].

Suivant consciencieusement une partition antitotalitaire dont il prend dans le même temps part à l'élaboration, Rocard tient Marx à distance s'agissant du rapport à la liberté. C'est à partir de cette réserve que la deuxième gauche et ses héritiers entretiendront un rapport plus décomplexé en matière de liberté économique. Rocard rappelle d'abord la réponse formulée par les socialistes à l'objection formulée par la « bourgeoisie capitaliste » s'agissant du manque de libertés dans les pays socialistes. Cette mise à distance des libertés « formelles » précéderait l'avènement d'une liberté « réelle » s'appuyant sur des « fondements économiques assurés ». Rocard questionne ensuite le rapport du socialisme à la liberté :

> Il faut d'abord relever une indifférence assez profonde de Marx au problème de la liberté. Il vivait à une époque de la plus outrancière exploitation capitaliste, à l'époque du travail des femmes et des enfants dans les mines, à l'époque où la bourgeoisie refusait l'idée d'une instruction primaire obligatoire. Tout le langage libéral du capitalisme lui paraissait, à juste titre, n'être qu'un immense mensonge. Mais nos sociétés ont évolué depuis, des libertés très réelles y ont été arrachées, notamment grâce au combat de la classe ouvrière. Ces libertés sont un acquis que le socialisme doit préserver et élargir. C'est par rapport à cela qu'il faut interroger l'État socialiste. Dès lors, la question centrale est celle-ci : est-il légitime de payer d'un prix si lourd en suppression de libertés politiques l'effort énorme que font ou qu'essaient de faire les États socialistes pour développer leurs

1. Michel Rocard, *Questions à l'État socialiste*, Paris, Stock, 1972, p. 105.

> économies jusqu'à un niveau qui donnera un contenu réel à l'exercice de la liberté[1] ?

Rocard et plus globalement la proposition dite de la « deuxième gauche » ouvrent les vannes – avec des nuances de degré – s'agissant du rapport aux valeurs et à l'autorité, en proposant une critique qui a le mérite de la cohérence. Celle-ci consiste dans l'alignement d'une forme de libéralisme culturel sur une critique plus globale de l'étatisme, du « social-étatisme » affectant non seulement la tradition socialiste, mais également la social-démocratie. Le communisme comme la social-démocratie partageraient le même rapport maladif à l'État. Rocard appuie sa critique en identifiant cinq axes qu'épouseraient ces deux traditions, qu'il appelle à dépasser au nom d'une « voie nouvelle », corrigeant l'aporie communiste et les insuffisances de la social-démocratie :

> La conception de l'organisation et de son rapport avec la classe ouvrière : centralisation, hiérarchie, la forme « quasi militaire du parti [...] ; le rôle déterminant de l'État : agent quasi exclusif du changement social [...] ; un référent théorique commun : la référence à un marxisme fortement vulgarisé et mâtiné d'étatisme [...] ; une même croyance dans le caractère automatiquement progressiste du développement des forces productives : association du progrès technique au progrès social [...] ; une commune évolution vers le nationalisme [...][2].

Les vues de la deuxième gauche provoqueront d'importantes discussions idéologiques, essentiellement depuis deux points de vue.

---

1. *Ibid.*, p. 150-154.
2. Michel Rocard, « La social-démocratie et nous », dans *Qu'est-ce que la social-démocratie ?*, Paris, Seuil, 1979, p. 13-15.

D'abord, et de manière attendue, venant d'une « première gauche » fortement imprégnée d'une matrice jacobine, étatiste, républicaine. Celle-ci contestera en bloc les propositions de ce qu'elle considère comme une « gauche américaine » autogestionnaire, « plus démocrate que républicaine » (Debray), plus libérale que sociale (CERES). Ce conflit ayant déjà fait l'objet d'analyses fournies des historiens et politistes, il ne sera pas le plus central dans notre analyse, d'autant que moins structurant sur la période qui nous intéresse. Néanmoins, nous ne l'ignorerons jamais et tâcherons de prendre le soin de l'invoquer quand des matrices argumentatives pourront s'en prévaloir, consciemment ou inconsciemment.

Ensuite, venant d'une partie de la gauche dite social-démocrate qui, tout en partageant la méfiance de Rocard et de la seconde gauche vis-à-vis de l'étatisme et donc de la diabolisation du marché, n'épouse pas la totalité et la cohérence de la proposition de la deuxième gauche. Cette frange de la famille social-démocrate lui reproche ainsi, en substance, une association trop rapide entre « nation » et « nationalisme ». Ce dernier est utilisé par Rocard, en dépit de sa connotation guerrière, pour qualifier la « première culture politique » de la gauche française « centralisatrice, étatique, nationaliste et protectionniste » dans son discours célèbre prononcé au congrès de Nantes, en 1977. À l'inverse, une partie de la gauche pourtant réceptive aux positions d'une deuxième gauche méfiante vis-à-vis de l'empreinte laissée par le républicanisme sur le socialisme français condamnera avec virulence son inclinaison libérale. Souvent moins commentées, ces réactions nous apparaissent essentielles pour comprendre les dynamiques à l'œuvre dans l'évolution de la gauche française ces dernières décennies.

De ces réactions naît une difficulté de grande ampleur, qui continue d'affecter une gauche critique du libéralisme économique, mais sensible à l'affirmation inconditionnelle des revendications culturelles et identitaires subjectives. Le problème tient en une phrase : au sein de la gauche française, ces cinquante dernières années, ceux qui ont formulé la critique la plus complète de l'héritage républicain propre à la tradition du socialisme français sont les mêmes qui ont souhaité le recul de l'étatisme et des nationalisations au profit d'un adoucissement de la guerre faite au marché et au grand capital.

De ce point de vue, la deuxième gauche avait quoi qu'on en dise le mérite de la cohérence, au nom d'une critique consistante et complète de l'étatisme. La proposition de la deuxième gauche est celle qui, selon Rocard, vise à « reconstituer une société civile [...], une société politique, un tissu démocratique qui ne se confonde pas avec l'État ». Rocard y voit trois conditions : la question de la décentralisation, celle de l'expérimentation sociale, celle des nationalisations et du « risque d'étatisation[1] ». L'absorption par l'État des mécanismes propres à la société civile rend, pour Rocard, impossible un contrôle social de la police ou de la défense par la société civile ou par le biais de la démocratie représentative[2]. Les domaines régalien et social, mains droite et gauche de l'État, souffrent selon lui des mêmes maux : l'hyper-étatisme.

Il semble ici régner une tension qui occupe une place incontournable dans la compréhension des discours contemporains sur les gauches parfois dites « irréconciliables », idée popularisée par Manuel Valls. Si elle est souvent commentée dans le registre polémique, notre approche se propose de la prendre au sérieux en remontant, avant toute chose, à sa source :

1. Michel Rocard, congrès de Nantes, 1977.
2. Entretien avec Michel Rocard, revue *Dialectiques*, n° 31, 1981, p. 5-6.

Le problème n'est pas d'organiser une primaire qui irait de Mélenchon à Macron. Parfois, il y a des positions irréconciliables à gauche et il faut l'assumer. Moi, je ne peux pas gouverner avec ceux qui considèrent que François Hollande, c'est pire que Nicolas Sarkozy, ou que Manuel Valls, c'est pire que Jean-Marie Le Pen. Je ne peux pas gouverner avec ceux qui font des meetings, des rassemblements avec Tariq Ramadan, c'est-à-dire aux antipodes de ce que nous sommes. Ce débat, nous devons aussi l'assumer à gauche. Tout ne se confond pas[1].

1. Manuel Valls lors d'une réunion publique à Corbeil-Essonnes, le 15 février 2016.

I
Itinéraire des retrouvailles avec les « classes populaires » : voie socialiste et voie républicaine

Invoqué de toute part de l'échiquier politique, la référence aux « classes populaires » fait aujourd'hui figure de passage obligé, voire de devoir moral en politique. De manière évidente si l'on se réclame de l'idée progressiste et de la tradition socialiste, mais également, plus surprenant, si l'on entend inscrire son action à droite et dans la tradition conservatrice. « Retrouver les classes populaires », la recherche du « parler aux classes populaires », les causes de « l'abandon des classes populaires » sont autant de marronniers qui rythment le débat d'idées à gauche depuis qu'elle s'est trouvée contestée en tant que débouché électoral naturellement présumé à la représentation de leurs intérêts et de leurs revendications.

Certes, les stratégies à mener pour trouver, retrouver ou se réconcilier avec ce segment sociologique de l'électorat divergent. Certes encore, la réalité de ce qui est entendu soit académiquement soit prosaïquement par « classes populaires » fait débat. Pourtant, un consensus autour du caractère cardinal de leur sort et de leur vote est acté, et ce pour la quasi-totalité du nuancier politique. Comme pour beaucoup d'interrogations stratégiques, le 21 avril 2002 fait figure d'élément déclencheur. On ne soulignera jamais assez à quel point ce choc brutal a perforé l'imaginaire progressiste et à quel point la gauche peine à en tirer les bonnes leçons. Après l'échec de Ségolène Royal et la captation par Nicolas Sarkozy d'une partie de l'électorat populaire par triangulation, la gauche française tarde à s'adonner à son examen de conscience électorale. La perspective de l'élection présidentielle de 2012 va cristalliser et amplifier les discussions sur le rapport des gauches, et notamment de la gauche socialiste, aux catégories populaires.

Lorsqu'on en vient à travailler sur ce qui est entendu par « classes populaires », les clés d'entrée sont plurielles : par l'économie, par la sociologie, par la science politique notamment. Nous partons du constat suivant : ces quinze dernières années, un « choc d'investissement » s'est fait ressentir s'agissant des classes populaires, notamment comme « oubliés de la démocratie » pour reprendre la formule de François Miquet-Marty[1]. Notre démarche ne consistera pas à évaluer ce que sont sociologiquement les classes populaires, et notamment dans leur rapport aux classes moyennes. Notre approche n'est pas celle d'un sociologue, nous ne travaillons pas « au corps » la dimension sociologique des catégories populaires comme segment du corps social français, cela relève de la discipline sociologique[2]. L'étude n'est donc pas celle des catégories populaires en tant que structures d'individus partageant un ensemble de conditions sociales, salariales, de revenus. Ce qui nous intéresse ici, le registre dans lequel nous nous plaçons

1. François Miquet-Marty, *Les oubliés de la démocratie*, Paris, Michalon, 2011.

2. Voir par exemple Henri Rey, *La gauche et les classes populaires. Histoire et actualité d'une mésentente*, Paris, La Découverte, 2002.

étant celui des idées, nous le trouvons quand la terminologie de « classes populaires » échappe à la seule dimension sociologique pour s'imposer comme question politique à part entière. En cela, notre démarche est profondément politologique, elle entend observer comment et dans quelles conditions le signifiant « classes populaires » est devenu un objet politique. Notre approche vise donc à considérer « l'objet "classes populaires" » en tant que structurant les clivages contemporains à gauche, selon les différentes significations qu'il peut revêtir. En effet, lorsque l'accent est mis sur la culture, le lien national, la représentation démocratique ou sur le registre de « l'Un » (au sens de l'unité totale), c'est le terme de « peuple » qui est préféré. Lorsque l'accent est mis sur la question sociale, le terme « classes populaires » lui est substitué, comme désignant la partie « la plus nombreuse et la plus pauvre » de la société (Saint-Simon). Un signifiant moins restrictif que celui de « classe ouvrière », qui est affublé d'une forme d'archaïsme qui ne correspondrait plus aux réalités économique et sociologique du monde dans lequel on vit.

Les lendemains de la débâcle de 2002 offrent aux socialistes et aux commentateurs le début d'une réflexion nouvelle, qui ne s'était jusqu'ici que rarement posée dans ces termes. Au cours des années qui suivent cet épisode douloureux pour l'écosystème progressiste apparaissent les premières réflexions. Dans *La gauche sans le peuple*, Éric Conan, alors journaliste politique à *L'Express*, y expose un constat qui résonne de manière troublante avec les débats contemporains :

> La gauche a cru le peuple disparu parce qu'il l'a progressivement quittée. Ou peut-être est-ce l'inverse : la gauche a perdu le peuple parce qu'elle l'a cru disparu. Car la « fin du peuple » fut – y compris à gauche – une grande mode. [...] Au cours des deux dernières décennies, l'effondrement de la rhétorique communiste a subitement détourné les

> intellectuels, qui y avaient beaucoup cédé, de leur passion pour la classe ouvrière, longtemps considérée comme le pivot de l'espérance politique. Comme s'ils avaient jeté le peuple avec l'eau du bain marxiste. Et, comme si ce deuil écologique ne pouvait être apaisé que par la disparition des témoins – les ouvriers après les paysans –, une hallucination politique a frappé les responsables de la gauche : ils ont cru à la disparition d'une composante majeure de la société française. [...] Le ronronnement sociologique sur la « fin des classes sociales » a commencé dans les années 1970. [...] Dans le sillage du giscardisme, et sans jamais vraiment s'en expliquer, la gauche abandonna ses références au prolétariat rédempteur pour n'avoir plus d'yeux que pour un nouvel acteur politique : une immense classe moyenne positivement agitée de « mouvements sociaux[1] ».

Et d'en imputer une grande partie de la responsabilité à la deuxième gauche :

> La mode du rocardisme incarna jusqu'à son échec ce nouveau cours inspiré par la sociologie d'Alain Touraine, puis de son héritier Michel Wieviorka, qui voyait désormais le salut et la modernisation de la société actuelle dans de multiples avant-gardes se prenant en charge pour faire avancer leurs aspirations [...][2].

Son point peut être résumé ainsi : la sortie de l'âge post-industriel et les transformations sociologiques qui en ont découlé ont endormi la gauche. Celle-ci a vu son socle électoral se diluer et son logiciel à forte coloration marxiste muter. L'étendue de cette rupture peut s'évaluer à l'aune de deux éléments pour partie constitutifs de l'imaginaire associé aux

1. Éric Conan, *La gauche sans le peuple*, Paris, Fayard, 2004, p. 14-15.
2. *Ibid.*, p. 16.

combats menés par les gauches aujourd'hui. D'abord, par le déplacement du terrain d'action par l'affaissement de la question sociale comme secteur premier d'investissement pour assurer l'émancipation collective du « peuple ». Ensuite, par le renversement du dispositif marxiste décrivant une majorité dominée par une minorité au profit d'une lecture inverse, celle de la domination de sujets minoritaires par un groupe majoritaire. L'encodage de ces deux basculements dans la tradition socialiste pose question.

Les années 1970 ont été un laboratoire d'expérimentations des mutations doctrinales pour la gauche française et spécifiquement pour le PS. Notamment impulsés par la sortie de l'âge industriel et le phénomène de « moyennisation » du corps social, ces différents ajustements avaient ouvert des questionnements de sociologie électorale de nature à remettre en cause la lecture proposée par Paul Lazarsfeld du « vote de classe ». Le sociologue autrichien entendait alors montrer que « les gens pensent politiquement comme ils sont socialement » et, conséquemment, que « les caractéristiques sociales déterminent les caractéristiques politiques[1] ». Ce « recul du clivage entre ouvriers et non-ouvriers » pour reprendre les termes de Nonna Mayer[2] ne peut que questionner la gauche dans son ADN. Le lien qui a longtemps uni forces progressistes et mouvement ouvrier est objectivement affecté, en témoigne l'évolution de leur vote pour les candidats socialistes. En 1988, les catégories populaires votent à 39 % pour le candidat socialiste, même après ledit tournant de la rigueur de 1983. En 2002, Lionel Jospin ne récolte que 13 % de leurs

1. Cité par Nonna Mayer dans Nonna Mayer, « Que reste-t-il du vote de classe ? Le cas français » dans *Lien social et politique*, n° 49, printemps 2003, p. 1.
2. *Ibid.*, p. 4.

suffrages. Benoît Hamon en récoltera 6 %, Anne Hidalgo 1 % (voir tableau plus bas). La présomption d'accueil des aspirations populaires dont bénéficiaient les gauches apparaît malmenée, souvent considérée comme cause première de ses difficultés électorales.

Au lendemain du choc du 21 avril 2002 s'affirme un questionnement qui s'amplifiera tout au long de la première partie du siècle en construction: cette question est celle du lien entre le sort des catégories modestes et celui de la gauche. Pour résumer: après les évolutions socio-idéologiques de la dernière partie du xxe siècle, où en est-on à gauche du rapport aux classes populaires? C'est au fond une question plus large, mais encore inimaginable quelques années plus tôt qui s'ouvre: qu'en est-il du lien identitaire entre la gauche et les classes populaires? Répondre à cette question, c'est au fond répondre à toutes celles qui se poseront par la suite sur les stratégies électorales à mener. Il est de bon ton en politique de s'appuyer sur des idées pour élaborer un programme politique s'adressant au plus grand nombre, avec néanmoins une « cible » électorale majoritaire. Pour la gauche, ce sont les catégories populaires. Pas seulement d'un point de vue stratégique ou arithmétique, mais aussi en termes de morale.

Les débats des années 2010 sur les classes populaires et la « question sociale » prennent place en même temps que ceux souvent entendus par le terme de « sociétal ». C'est dans la dialectique et, souvent, l'opposition de ces enjeux que les clivages vont s'organiser. Tout au long des pages suivantes, nous désignerons par « sociétalisme » la position intellectuelle qui la constitue: celle qui vise à accorder aux enjeux post-matérialistes dits sociétaux (mœurs, identités subjectives et collectives, rapport à l'autorité...) une place prioritaire dans l'agenda de la discussion et de l'action publiques. Les préconisations formulées par le groupe de réflexion Terra Nova dans le rapport appelleront à ce titre deux grands types d'objections qui contreviendraient à deux éléments principiels du socialisme républicain tel qu'il se développe au XIXe siècle : la primeur accordée à la question sociale sur les « superstructures » et celle accordée à l'idée républicaine, censément garante d'une forme d'unité collective, sur la promotion des identités subjectives particulières.

Ces points appellent à une double lecture. L'une porte sur la qualité des positions : elle oppose certains plus « libéraux » à d'autres qui le sont moins. L'autre relève d'une approche quantitative, relative à l'importance accordée ou non à certains enjeux dans les discours et les programmes.

Largement discutées de nos jours, les recommandations de Terra Nova susciteront des réactions formulées à partir d'une seule et même quête, partagée par l'écrasante majorité des gauches : le vote et le sort des « classes populaires ». Ces réactions prendront deux formes que, pour des questions de clarté et de lisibilité, nous choisirons de distinguer.

D'abord, une critique motivée par un axiome matérialiste, critique que nous appellerons « socialiste » par analogie à l'idée socialiste. Nous la distinguerons d'une seconde réaction, se formulant au nom de l'idée républicaine et dans la grammaire d'un certain républicanisme. Dans la mesure où nous traitons de questions politiques et sociales, il est important d'avoir en tête que la séparation entre la « critique socialiste » et la « critique républicaine » n'est parfois pas aussi nette que la théorie le laisse entendre. Ces critiques sont parfois confondues, parfois formulées par les mêmes personnes, parfois nettement séparées. Toujours est-il que, du point de vue théorique, elles relèvent de deux registres certainement pas incompatibles, mais bien distincts.

1
Le social contre le sociétal ? La critique socialiste du « sociétalisme »

Le débat réouvert par la campagne électorale de 2012 : quelle place pour les « classes populaires » ?

Au mois de mai 2011 paraît un rapport de plus de quatre-vingts pages, publié par le think tank Terra Nova, intitulé « Quelle majorité électorale pour 2012 ? ». Désormais constamment invoqué dans le débat public, ce dossier proposait une réflexion sur la stratégie électorale à mener par le candidat socialiste pour remporter l'élection présidentielle à venir, celle de l'année 2012. Rédigé par Olivier Ferrand, Bruno Jeanbart et Romain Prudent, il est le fruit d'un groupe de travail qui rassemble également Alain Bergounioux (historien), Gérard Le Gall (ancien conseiller opinion et communication au PS), Romain Prudent (rapporteur et secrétaire général de Terra Nova), Alain Richard (alors membre du PS et ancien ministre de la Défense de Lionel Jospin entre 1997 et 2002) et Étienne Schweisguth (directeur de recherche au CNRS).

Arrêtons-nous sur le contenu de ce rapport. Ce serait d'abord faire un procès injuste aux auteurs que de leur attribuer tous les torts alors que la restitution non normative des mutations engendrées par Mai 68 sur la gauche politique et intellectuelle semble tout à fait pertinente :

> Historiquement, la gauche politique porte les valeurs de la classe ouvrière, tant en termes de valeurs socioéconomiques que culturelles. Elle est la porte-parole de ses revendications sociales et de sa vision de l'économie : pouvoir d'achat, salaire minimum, congés payés, sécurité sociale, nationalisation des grandes entreprises, encadrement des prix… Et l'une comme l'autre restent relativement conservatrices sur le plan des mœurs, qui demeurent des sujets de second plan par rapport aux priorités socioéconomiques. À partir de la fin des années 1970, la rupture va se faire sur le facteur culturel. Mai 68 a entraîné la gauche politique vers le libéralisme culturel : liberté sexuelle, contraception et avortement, remise en cause de la famille traditionnelle… Ce mouvement sur les questions de société se renforce avec le temps pour s'incarner aujourd'hui dans la tolérance, l'ouverture aux différences, une attitude favorable aux immigrés, à l'islam, à l'homosexualité, la solidarité avec les plus démunis. En parallèle, les ouvriers font le chemin inverse[1].

Les auteurs dressent ensuite la liste des composantes de cette « nouvelle coalition » : les diplômés, les jeunes, les minorités et les quartiers populaires, les femmes[2]. Ils y adossent trois limites[3] : une dynamique démographique limitée, une coalition électorale en construction et une abstention élevée.

C'est dans sa dimension prescriptive et normative que le rapport prend une direction particulière, recommandant au candidat socialiste de construire son projet pour la

1. Rapport Terra Nova, « Gauche : quelle majorité électorale pour 2012 », 10 mai 2011, p. 7.
2. *Ibid.*, p. 8-9.
3. *Ibid.*, p. 43-45.

France à partir de la sociologie des groupes précédemment cités. Ceux-là ont pour point commun un certain rapport au libéralisme culturel. Non pas sans rappeler les réflexions d'André Gorz dans ses *Adieux au prolétariat*[1], la note ne se limite plus au constat d'un « rétrécissement de la classe ouvrière », mais acte la « fin de la coalition ouvrière[2] », sans s'interroger sur la nature de ce constat, qui désactive pourtant la raison historique et philosophique d'existence de la gauche. C'est ici qu'une lecture dénonçant une forme de cynisme stratégique peut être formulée. Y voyant une opportunité tactique dans la compétition électorale, la droite ne manquera pas de se joindre aux critiques[3]. De quoi nourrir l'accusation d'effronterie, s'agissant d'une formation historiquement peu investie dans la représentation des intérêts des plus modestes.

> Quelle stratégie la gauche doit-elle adopter pour faire le plein de son nouvel électorat naturel ? Elle doit opter pour une stratégie de valeurs. L'électorat « France de demain » les partage. Il y a des marges de manœuvre. Les élections régionales de 2010 ont montré que le vote à gauche des femmes, des jeunes, des diplômés progressent plus fortement que la moyenne de l'électorat. Pour accélérer ce glissement tendanciel, la gauche doit dès lors faire campagne sur ses valeurs, notamment culturelles : insister sur l'investissement dans l'avenir, la promotion de l'émancipation, et mener la bataille sur l'acceptation d'une France diverse, pour une identité nationale intégratrice, pour l'Europe. La gauche doit également privilégier une stratégie

1. André Gorz, *Adieux au prolétariat. Au-delà du socialisme*, Paris, Galilée, 1980.
2. « Gauche : quelle majorité électorale pour 2012 », 2011, *op. cit.*, p. 19.
3. Communiqué de l'UMP, 13 mai 2011, cité dans « PS : Terra Nova nie vouloir "abandonner" les classes populaires », *Lemonde.fr*, 13 mai 2011.

> de mobilisation. La « France de demain » vote fortement à gauche, mais vote peu. Il est toutefois possible d'améliorer son taux de participation : les jeunes ou les minorités ne sont pas des abstentionnistes systématiques, ils votent par intermittence. L'objectif est donc de les mobiliser [...][1].

Le potentiel polémique du dossier est par ailleurs tellement bien senti par ses rédacteurs eux-mêmes qu'au lendemain de la publication de la note, Alain Bergounioux, Gérard le Gall et Alain Richard expliquent au *Nouvel Obs* la raison pour laquelle ils n'ont pas signé le texte, justifiant leur prise de distance par leur désaccord avec ses conclusions :

> L'éloignement de la gauche des ouvriers et des employés est un défi réel, qui s'analyse d'abord par leur inquiétude économique et sociale ; nous sommes dans une société fragmentée, où les clivages de classe n'ont plus la même nature que dans les décennies passées. La disponibilité des salariés les plus qualifiés pour le PS est un potentiel à conforter. Mais l'implicite de ce rapport, qui est de concevoir une campagne présidentielle comme un collage de morceaux thématiques destinés à « coaliser » des groupes sociaux ou démographiques au lieu de présenter, en phase avec le moment politique, un véritable projet à l'ensemble de la société, nous semble à l'écart de la réalité pour une force progressiste. Il sous-estime en outre sérieusement, si on se remémore 2002 et 2007, l'importance de la gestion politique de la conjoncture et la stratégie de campagne. Nous n'avons donc pas pu nous joindre à la logique de ce texte et nous espérons que sera dépassée cette occasion ratée[2].

1. « Gauche : quelle majorité électorale pour 2012 », 2011, *op. cit.*, p. 13-14.
2. Tribune d'Alain Bergounioux, Gérald le Gall et Alain Richard dans *Le Nouvel Obs.fr*, « Pourquoi nous n'avons pas signé le rapport Terra Nova », 17 mai 2011.

En outre, les participants à l'élaboration de la note contestent l'utilisation de « formules choc » (« insiders » et « outsiders ») qui « effacent la valeur ajoutée pour le débat collectif » et s'opposent à une forme de shopping électoral où le projet s'adapterait à la sociologie des publics prospects et non l'inverse.

Très vite, ces premières réserves vont être complétées par d'autres, plus denses. Au fond, deux approches critiques doivent être distinguées, toutes deux formulées au nom de la gauche, contre la proposition d'abandon des classes populaires. Une première objection, de nature tactique, conteste le constat formulé par Terra Nova sur l'impossibilité de constitution d'une majorité pour la gauche fondée sur les milieux populaires. On en trouve une illustration chez Gilles Finchelstein, alors directeur général de la Fondation Jean-Jaurès :

> Du point de vue de la gauche, il y a matière à préoccupation et à interrogation. Préoccupation parce que, pris dans leur sens le plus large, les ouvriers et les employés représentent près de la moitié de la population – c'est précisément là que réside l'erreur du think tank Terra Nova [...][1].

Une seconde objection, non plus tactique, mais de nature philosophique et morale, trouve ses fondements dans l'affirmation d'un lien existentiel entre la gauche et les catégories populaires. Ce registre d'argumentation évacue les questions tactiques, puisqu'elle adosse de manière principielle la gauche d'un côté, la défense des plus fragiles de l'autre. Il n'est dès lors nullement question de stratégie électorale : même la victoire la plus écrasante de la gauche équivaudra à une défaite morale si elle n'est pas fondée sur le souci de protection

1. Gilles Finchelstein, *Piège d'identité. Réflexions (inquiètes) sur la gauche, la droite et la démocratie*, Paris, Fayard, 2016, p. 74.

et d'émancipation populaire. À l'inverse, une défaite cuisante n'en serait pas moins glorieuse si le souci populaire fut la préoccupation centrale de la campagne électorale et du projet politique. Hors de toute considération extérieure, il ressort pour la gauche du devoir moral, pour reprendre le mot d'Emmanuel Kant, de défendre les mondes prolétaires. Faire de la défense des plus pauvres non seulement la centralité, mais le corolaire indiscutable de l'identité socialiste: voilà ce qui est entendu dans cette seconde objection. Une chapelle intellectuelle qui entre en résonance avec le socialisme de Péguy, pour qui la fraternité nous impose comme « devoir préalable » le fait « d'arracher à la misère nos frères les hommes ». Une exigence qui est pour lui la condition de la justice et d'accomplissement de la cité harmonieuse: « Aussi longtemps qu'il y a un homme dehors, la porte qui lui est fermée au nez ferme une cité d'injustice et de haine[1]. »

Thierry Pech, directeur du think tank Terra Nova, reviendra en novembre 2021 sur cet épisode. À froid, il détaillera sa propre typologie des critiques adressées au rapport de 2011:

> En réalité, les critiques jouaient sur un double registre au risque de s'égarer dans une contradiction inextricable: d'un côté, elles contestaient le principe même d'un ciblage stratégique, suggérant que la société serait une simple addition d'individus plus ou moins épars et qu'il faut « parler à tout le monde »; de l'autre, elles dénonçaient ce ciblage stratégique en particulier, suggérant que la société est bel et bien structurée par des catégories distinctes voire opposées mais qu'il ne fallait pas privilégier celles-là[2].

1. Charles Péguy, « De Jean Coste » dans les *Œuvres en prose complètes*, t. II, Paris, La Pléiade, 1988, p. 510.
2. Thierry Pech, « Chacun cherche son peuple », tribune publiée dans *La Grande Conversation*, 7 novembre 2021.

Si l'analyse à laquelle nous nous livrons rejoint celle de Thierry Pech, la première critique se formulant au nom d'une forme d'universalisme électoral et la seconde en celui d'un rapport liant la gauche aux classes populaires comme raison d'être, il nous semble que ces critiques n'apparaissent contradictoires que lorsqu'elles sont formulées dans un seul et même discours. Ces deux objections prises individuellement nous apparaissent ainsi tout à fait valides et consistantes.

Très vite, les débats s'enflamment. Quelques jours après la parution de l'étude de Terra Nova est publié *L'équation gagnante. La gauche peut-elle enfin remporter la présidentielle ?*[1]. Ce court essai signé Laurent Baumel et François Kalfon (membres du PS), fait figure de contribution stratégique prenant le contrepied de la proposition formulée une semaine plus tôt par Terra Nova. Le 11 mai 2011, *Le Monde* consacre ainsi sa une, au lendemain de la publication du rapport du think tank, à ce qui oppose non pas « l'aile gauche à l'aile droite du PS », mais qui fait figure de débat « au sein même de la famille social-démocrate[2] ».

La question du travail et la redistribution des clivages

En réponse aux vues de Terra Nova, la production d'idées s'accélère à gauche sur la thématique en question, notamment pour pointer la déconnexion sociologique du PS d'alors. En réaction à ce rapport est publié, au mois d'octobre 2011, un court essai fruit de la plume de huit auteurs se réclamant d'une

1. Laurent Baumel et François Kalfon, *L'équation gagnante. La gauche peut-elle enfin remporter la présidentielle ?*, Bordeaux, Le Bord de l'eau, 2011.
2. *Le Monde* daté du mercredi 11 mai 2011.

« gauche populaire ». Encore dirigé par François Kalfon, alors conseiller régional d'Île-de-France, adjoint au maire de Noisiel et secrétaire national du PS en charge des études d'opinion, et Laurent Baumel, secrétaire national adjoint du PS à l'international et maire de Ballan-Miré. Laurent Bouvet, Philippe Guibert, Christophe Guilluy, Rémi Lefebvre, Alain Mergier et Camille Peugny y apportent leurs contributions. Rédigé en réponse au fameux rapport publié cinq mois plus tôt, ce recueil de textes intitulé *Plaidoyer pour une gauche populaire. La gauche face à ses électeurs*[1], s'inscrit dans une ambition plus large : celle de la rénovation idéologique de la gauche française, essentiellement socialiste, pour reconquérir, notamment, le « monde du travail ».

Composante importante d'une critique « socialiste », l'une des solutions dessinées pour que la gauche renoue avec les classes populaires réside dans la question du travail. Deux types d'approche sont à distinguer. Une première est pensée dans l'opposition frontale avec une « gauche sociétale » qui serait incapable de penser le travail car stratégiquement obsédée par la conquête du vote urbain à l'aise dans la mondialisation. Une autre, moins clivante et plus synthéthique, prend racine dans la conviction que c'est dans la question du travail que se joue l'avenir de la gauche, sans qu'il faille pour autant renoncer aux avancées ayant trait aux questions de société.

Quelles que soient ces nuances, qui tiennent en réalité dans les deux approches que nous distinguons en première partie de ce travail – l'une « républicaine », l'autre « socialiste » – l'argument se forme dans les termes suivants : pour parler aux classes laborieuses, la gauche doit redevenir le parti du travail. Pour le redevenir, elle doit être le camp qui valorise le travail.

1. Laurent Baumel et al., *Plaidoyer pour une gauche populaire. La gauche face à ses électeurs*, Bordeaux, Le Bord de l'eau, 2011.

Le sujet en question avait occupé une place de premier plan dans la campagne présidentielle de 2007. Alors amplement investi par Nicolas Sarkozy, celui-ci était parvenu à incarner le « camp du travail », réalisation humiliante pour la gauche.

Se joue ici un point de départ essentiel pour le débat avec lequel les gauches sont encore aux prises et qui ne manque pas de ressurgir dès que la conjoncture s'y prête : quel rapport la gauche doit-elle entretenir avec les travailleurs et donc avec le travail ?

En écho aux alertes formulées à la gauche au lendemain de la défaite de 2007[1], la candidate à la primaire socialiste Ségolène Royal pointe en 2011, dans sa liste des « désordres » à réparer, celui de la « valeur travail[2] ». Le même débat, encore, animera six années plus tard l'opposition entre Arnaud Montebourg et Benoît Hamon lors de la primaire socialiste du début de l'année 2017. Le premier se posait alors en défenseur d'une « société du travail », terminologie précédemment employée par Lionel Jospin[3], quand le second, ancien ministre de l'Économie sociale et solidaire et héritier d'une deuxième gauche soucieuse de cette sensibilité, défendra le revenu universel. C'est donc dans les termes de la deuxième gauche, pourtant considérée comme « aile droite » du socialisme français que Benoît Hamon, classé à l'aile gauche du PS,

1. Voir François Kalfon et Tristan Klein, *Le temps de la réconciliation. La gauche et le travail*, Paris, Graffic-Bruno Leprince, 2008.
2. Ségolène Royal, *Lettre à tous les résignés et indignés qui veulent des solutions*, 2011, *op. cit.*, p. 107.
3. Interview de Lionel Jospin à TF1, retranscrite ici : « Interview de Lionel Jospin, Premier ministre à TF1 le 21 janvier sur le mouvement des chômeurs, la mise en place du Fonds d'urgence sociale pour les chômeurs de longue durée, la réduction du temps de travail, le calendrier de l'Union économique et monétaire, la sécurité et le cumul des mandats », *Vie publique.fr*, 21 janvier 1998.

inscrit son positionnement. De quoi alimenter la confusion des repères et témoigner de la sensibilité du problème.

Mais c'est à l'occasion des oppositions à la réforme des retraites, entre l'hiver et le printemps 2023, que le débat sur la « valeur travail » sera le plus vif, au sein même de la NUPES. Elle sera le théâtre d'une discussion à gauche qui ne recouvrira pas celle sur la traditionnelle dualité entre culture réformiste et culture révolutionnaire. Le débat ne se cristallise alors pas tant sur l'âge légal de départ à la retraite, l'ensemble des oppositions de gauche s'opposant à son report, mais sur le rapport au travail. La discussion oppose alors les tenants d'un « droit à la paresse » convoqué par Sandrine Rousseau selon la formule empruntée à Paul Lafargue, aux apôtres d'une « valeur travail », expression aussi souvent mal définie qu'invoquée de toute part du champ médiatique et politique. Notamment investie par François Ruffin et Fabien Roussel, la « valeur travail » divisera jusqu'au sein même de la gauche de la gauche et sera le cadre d'un clivage par conséquent largement irréductible à l'opposition binaire des « deux gauches », dont l'aile « droite » ou libérale défendrait nécessairement l'idée d'une « valeur travail » et où l'aile gauche tiendrait la position inverse. Au sein même du camp économiquement antilibéral s'ouvre ainsi une opposition ayant trait à la nature de la question du travail. Par distinction avec une droite qui ne manque pas d'investir la « valeur travail » dans sa quête, pourtant vaine depuis 2007, de la France du travail, la démarche intellectuelle de François Ruffin entend dépasser la référence à la seule méritocratie, considérée comme insuffisante et trop souvent accolée à une opposition entre travail et assistanat. Celle-ci est en effet considérée comme insuffisante et trop rapidement pensée autour d'une opposition entre travail et assistanat. Notamment avancé par François Ruffin, l'argument est plutôt celui de la dimension identitaire et morale du travail dans l'émancipation individuelle et collective.

Minoration du social et majoration du « sociétal »

Une approche visant à faire du travail le moyen d'une démarche politique et de la reconquête des classes populaires une fin ne peut s'accommoder de ce qui est perçu comme une une diversion à ces objectifs cardinaux.

Très vite, au début de la décennie 2010, le lien est fait sur le déséquilibre quantitatif entre les questions plus ou moins proprement appelées « sociétale/culturelle » et « sociale ». La gauche ne perdrait pas le monde du travail en s'adonnant à une conception largement libéralisée du monde social et des rapports de force productifs, mais en ignorant cette question au profit d'un ciblage électoral. La rhétorique n'est donc pas celle, traditionnelle dans le débat d'idées à gauche, entre une gauche tenante du dialogue et de la réforme contre une autre s'inscrivant dans une tradition révolutionnaire, mais dans une gauche « sociétalisée », dont l'orientation est marquée par un déséquilibre quantitatif entre le social (minoré) et le sociétal (majoré) et une gauche plus traditionnellement socialiste, accordant la priorité aux sujets sociaux et matériels. La critique est dès lors moins[1] adressée au libéralisme culturel en tant que tel, auquel les auteurs opposeraient leur républicanisme, mais elle est bien une critique « socialiste » du « sociétalisme ».

Ce clivage, sous une forme évidemment actualisée, recouvre en grande partie la traditionnelle opposition à gauche entre guesdisme et jauressisme. La querelle des « deux méthodes », pour reprendre le nom donné aux discours prononcés par Jean Jaurès et Jules Guesde le 26 novembre 1900 à l'hippodrome

1. Le « moins » est ici choisi à dessein, il n'est pas un « pas »: les nuances sont fines et bien des passages du *Plaidoyer pour une gauche populaire* sont aussi empreints d'une référence à l'idée républicaine.

de Lille, se configurait autour de la place à accorder aux questions matérielles par rapport à celles relevant, pour un marxiste, du registre des superstructures. Le désaccord prenait ainsi place dans une discussion ayant trait à la quantité, à la proportionnalité.

Entre cette querelle et celle que nous décrivons, une différence de taille doit donc être notée. Si, dans le débat qui oppose Jaurès et Guesde, le contrepoids à la question sociale était l'idée républicaine, c'est ici ledit « sociétal », notion extensive entendue comme « ce qui ne ressort pas des luttes matérielles », qui fait figure de repoussoir à la reconquête des classes populaires. Avec la « question sociétale », une nouvelle donnée est ainsi apparue, étrangère aux traditions strictement socialiste et républicaine. C'est une bascule importante dans l'histoire contemporaine des clivages internes au camp progressiste.

Jacques Julliard, pourtant intellectuel non seulement issu, mais surtout « organique » de la deuxième gauche, se drape de cette critique. Son point est double : l'idée socialiste reposait sur la promesse d'une révolution et sur le primat du social sur ce qui est ici entendu par « sociétal ». Ayant échoué à faire advenir la révolution, la gauche serait condamnée, pour rester en vie, à ajuster son logiciel.

> Tout cela est nouveau dans la philosophie socialiste. Ses racines sont collectives, sinon toujours collectivistes. Elles développent des valeurs de solidarité, d'esprit de groupe, d'esprit de classe, disait-on autrefois. Or, toutes les lois actuelles qui ont trait à la génération, à la vie privée, à la sexualité sont au contraire inspirées par un individualisme profond. Faisons un retour historique : la Révolution française est individualiste mais, quand elle rencontre au milieu du XIXe siècle le prolétariat, la gauche devient collectiviste. Aujourd'hui, nous vivons un retournement diront les uns,

> un retour aux sources assureront les autres, mais quoi qu'il en soit, la gauche ne défend plus guère que des valeurs individualistes. Elle s'est alignée sur le socialisme scandinave. Faute de faire une révolution sociale, le Parti socialiste s'efforce de faire une réforme sociétale[1].

Laurent Bouvet, alors professeur de science politique à l'université de Versailles-Saint-Quentin-en-Yvelines, directeur de l'Observatoire de la vie politique à la Fondation Jean-Jaurès et co-animateur de la gauche populaire, joindra sa voix à cette analyse. Pour Bouvet, dont l'itinéraire intellectuel retiendra notre attention, la source des difficultés rencontrées par la gauche réside dans la combinaison d'un ajustement au libéralisme économique et l'investissement des « questions de société » :

> La deuxième difficulté, plus sérieuse, est interne à la gauche : réduire ainsi le marquage idéologique à gauche aux questions de société demeure insuffisant. En effet, au cours de chacune des expériences gouvernementales de la gauche depuis 1981, il y a eu au moins une grande réforme sociale qui est restée un symbole durable [...]. Ce d'autant que l'affirmation d'un cap économique alliant « politique de l'offre » et ajustement structurel n'avait jamais été aussi claire et nette de la part d'un gouvernement de gauche. Or ce déséquilibre est loin d'être compensé par l'insistance, depuis le début du quinquennat, sur les questions de société comme « marqueur idéologique » de la gauche. Et si social et « sociétal », selon l'expression consacrée, ne sauraient être brutalement opposés, on constate néanmoins qu'aujourd'hui, au sein de la gauche, le compte n'y est pas[2].

1. Jacques Julliard, *Allons-nous sortir de l'histoire ?*, Paris, Flammarion, 2019, p. 102.
2. Laurent Bouvet, « Théorie du genre, PMA, fin de vie : comment Hollande a remplacé le social par le sociétal », *Le Figaro.fr*, 3 septembre 2014.

2
La critique républicaine

Aux côtés d'une première objection de nature socialiste se cristallise, dans les années 2010, une critique relevant d'une approche complémentaire, mais distincte. Ses origines sont anciennes et relèvent d'une tradition politique purement jauressienne, celle de la conciliation du drapeau tricolore et du drapeau rouge, de l'idée socialiste et de l'idée républicaine. Le cœur de cette tradition réside alors dans la conjonction de ces deux idées, prises ensemble et au service d'un projet d'émancipation sociale. Récurrente dans la rhétorique du PS, mais plus globalement de la gauche française[1], elle imprègne par exemple (car ils sont nombreux) les campagnes de Ségolène Royal en 2007 autour de l'ordre juste, mais aussi celle qu'elle mène pour la primaire socialiste de 2011 :

> Déjà, lors de la campagne présidentielle de 2007 [...] j'avais décidé de mettre mes réunions publiques aux couleurs de la France car elles appartiennent à tous, et je ne veux plus que l'extrême droite s'en attribue le monopole. [...] Je sais que la gauche n'a pas toujours été à l'aise avec cela, parce que le drapeau tricolore a été parfois détourné par les mouvements nationalistes et xénophobes. Raison de plus pour ne pas leur laisser.

1. Et notamment dans l'histoire du Parti communiste français de l'après-guerre.

> Et le drapeau rouge, celui des luttes sociales, et de l'amélioration de la condition ouvrière, n'est en rien contradictoire avec le drapeau tricolore ! Il n'y a pas de République sans égalité. Il n'y a pas de République sans la liberté de vivre dignement de son travail et de sa retraite après toute une vie de labeur. Il n'y a pas de République sans la Fraternité qui s'oppose à un système économique et financier où l'homme est un loup pour l'homme[1].

Nous le verrons, la seconde moitié des années 2010 sera le cadre d'une mutation sensible de cette tradition politique, notamment autour de la question de la laïcité[2]. Cette approche s'articule très étroitement avec celle que nous avons décrite plus tôt, mais répond d'une logique sensiblement différente. Trouvant sa source dans une méfiance vis-à-vis de « l'économisme », elle voit dans l'idée républicaine, davantage que dans le réinvestissement de la seule question « sociale », une porte de sortie pour une gauche en perdition. La proposition est la suivante : les « valeurs républicaines », le souci de l'ordre public voire la question de l'immigration doivent être réinvestis par une gauche qui les aurait laissés à l'abandon. Là aussi, l'on objectera que cette mutation n'est pas nouvelle puisqu'elle touche dès les années 1980 une frange du socialisme républicain qui mutera en un souverainisme à la fois économique et culturel, dont la trajectoire de Jean-Pierre Chevènement sera la principale illustration. La nouveauté est ailleurs : cette mutation s'étendra à une grande partie de la gauche modérée, qui était dans les années 2000 davantage mobilisée autour de la construction européenne que sur les

1. Ségolène Royal, *Lettre à tous les résignés et indignés qui veulent des solutions*, 2011, *op. cit.*, p. 48-49.
2. Nous nous arrêterons sur cette question dans la seconde partie de notre travail.

questions républicaines. L'année 2015 et les attentats qui frappent Paris vont être un tournant décisif. À gauche, les cartes sont rebattues, principalement parmi les voix qui plaidaient dès 2011 pour un retour au primat du social sur les questions dites de société. Les attaques touchant Charlie-Hebdo et l'Hyper Cacher les 7 et 9 janvier sont un premier choc d'ampleur pour la société française et pour les débats à gauche. À titre de comparaison, la tuerie perpétrée par Mohammed Merah en 2011 ne s'était pas révélée aussi structurante, probablement parce que la gauche était alors dans l'opposition. Pourtant, deux éléments cardinaux étaient déjà présents : la question islamiste et celle de l'antisémitisme.

La situation à gauche au pouvoir est alors fortement marquée par les tensions internes sur l'orientation de la politique générale du gouvernement. Les remous qui ont agité la majorité entre 2012 et 2014 s'agissant de la politique économique et sociale menée et qui ont conduit à l'émergence des « frondeurs » continuent de structurer les débats. L'expérience du pouvoir contrarie l'unité des partisans d'un réinvestissement du social. En mai 2013 est publié le *Manifeste pour une gauche populaire* qui fait l'objet de critiques acerbes de la part d'auteurs du Plaidoyer de 2011. Lors du congrès de Poitiers, qui a lieu du 7 au 9 juin 2015 dans un contexte de double unité, à la fois nationale et partisane au sein du PS, la question sociale demeure la principale variable d'organisation des positions. La motion A, celle des soutiens à la ligne du gouvernement, qui est classiquement considéré en tant qu' « aile droite » du PS regroupe les signatures de Manuel Valls, Claude Bartolone, Jean Marc-Ayrault, Martine Aubry, Jean-Louis Bianco, Gérard Collomb, Harlem Désir (et certains futurs ministres d'Emmanuel Macron : Christophe Castaner, Olivier Véran...). La motion B est celle des dits « frondeurs », pour certains partisans d'une critique socialiste du « tout sociétal » sur laquelle nous nous sommes arrêtés plus haut : François Kalfon et Laurent Baumel en sont signataires (ainsi qu'Emmanuel Maurel, Jérôme Guedj…). Ce qui est alors désigné comme « l'aile gauche » du PS est donc en partie aussi celle qui, la première, s'est manifestée contre les risques du « sociétalisme », pour une proposition politique autour de la valorisation du travail et de la prise au sérieux des sujets régaliens. De quoi interroger la rigueur des commentaires qui qualifient de « droitisation » ou de symptôme d'une « poussée réactionnaire » la formulation de ce type d'objections de fond.

La double matrice « social-sociétal », utile pour cerner les clivages, va progressivement muter. Auparavant principalement constitué des sujets de mœurs et de rapport à l'insécurité, le contenu de ce que l'on entend sommairement par « sujets post-matérialistes » se transforme sensiblement. Une vaste catégorie, fréquemment appelée « questions identitaires », va progressivement s'y substituer.

Deux éléments, liés l'un à l'autre, doivent néanmoins être distingués en tant qu'ils ont chacun été un terrain de clivage à gauche. Le champ qui nous intéresse ici étant dense, nous le traiterons en deux temps : d'abord en revenant sur le procès fait par une partie de la gauche à « l'économisme », ensuite sur l'inversement de l'ordre des priorités qui en découle.

« L'économisme » en procès, préambule de la querelle identitaire

Les attentats islamistes survenus en 2015 vont considérablement hystériser et accélérer les divergences dont les racines étaient, pour certaines, déjà existantes. En cela, ils marquent un tournant majeur à la fois pour la gauche politique, mais aussi pour le débat d'idées.

D'abord, l'accusation « d'économisme » (ou parfois « d'économicisme ») formulée par une partie de l'écosystème progressiste, accusant le reste de la gauche d'aveuglement sur la menace représentée par l'islamisme en France. Ce moment intellectuel coïncide logiquement avec le réinvestissement de la pensée d'Antonio Gramsci et du « combat culturel », qui sera rapidement étendu à l'ensemble du nuancier idéologique. Ces objections sont formulées au sein d'une partie de la gauche – au sens global, celui qui nous intéresse tout au long de ces pages, donc non seulement partisan – qui se réclame du républicanisme. Ces critiques apparaissent d'abord au sein de la gauche antilibérale, comme c'est le cas de Christophe Ramaux, membre du collectif Les économistes atterrés dont fait également partir Frédéric Lordon :

> Selon Edwy Plenel (note personnelle : il n'est pas l'auteur de l'article de Reporterre, mais s'en est fait le relai le 16 janvier 2015, sur sa page Twitter), grand contempteur de l'islamophobie, la question qu'il convient de poser est « pourquoi notre société produit-elle ces enfants-là » ? Juste question de prime abord. Oui, le capitalisme néolibéral, l'austérité, engendre, comme toujours, chômage, précarité et désespérance sociale. Mais cela ne suffit pas. La politique ne peut être rabattue sur l'économie et la sociologie. Elle a son autonomie, sa consistance propre. Les mêmes conditions sociales ne produisent pas les mêmes trajectoires. Les êtres humains ont d'abord une tête, vivent de représentation. Ils ont leur autonomie, leur responsabilité.

Surtout, c'est autour de la figure de Manuel Valls que ces critiques vont prendre la forme et la tonalité souvent commentées dans le monde médiatique :

> Une forme d'économisme a remplacé le débat. J'ai toujours pensé que la crise doit trouver une réponse politique et une réponse de gauche[1].

Indissociable du débat sur l'économisme, la question de la « responsabilité », individuelle ou collective, imputable aux terroristes va, elle aussi, susciter des débats. S'agissant des racines du terrorisme et de l'intégrisme, trois grandes positions propres au débat à gauche doivent être distinguées :

– la position « libérale » voyant dans le terrorisme et la radicalisation le simple résultat d'un itinéraire personnel exempt de toute influence, religieuse, politique, économique. Une position parfois dite du « loup solidaire » ;

– en réponse à cette première lecture, une deuxième position met quant à elle l'accent sur les racines religieuses et collectives de l'embrigadement ;

– une troisième lecture propose d'expliquer la radicalisation par le terreau social. Celle-ci se distingue de la position libérale en y cherchant des raisons de l'ordre non pas individuel, mais collectif (ou sociologique), et de la seconde en substituant au religieux le social, entendre les conditions matérielles existantes.

Pour illustrer cette dernière position, prenons appui sur un article qui a suscité de vives réactions. Le 15 janvier 2015, soit huit jours après l'attentat ayant frappé Charlie-Hebdo au cours duquel les frères Kouachi ont ôté douze vies, est publié un article sur Reporterre. Intitulé « L'enfance misérable des frères Kouachi[2] » l'article relayé par *Mediapart* propose un retour sur la misère connue par les futurs djihadistes lors

1. Propos de Manuel Valls sur France Culture, 18 mai 2015.
2. Éloïse Lebourg « L'enfance misérable des frères Kouachi », *Reporterre.net*, 15 janvier 2015.

d'une enfance passée dans un « immeuble populaire du 19e arrondissement ». L'article donne la parole à Evelyne, qui a connu les frères Kouachi, et met en avant plusieurs passages de son témoignage qui structurent l'article, dont les propos « Un enfant comme les autres », « On aurait dû aider cette maman », « Nous étions entourés de violence », et surtout « S'il avait eu une enfance heureuse, serait-il devenu terroriste ? ».

Face à cette lecture des choses est opposé ce que nous avons décrit comme la deuxième position, pointant avant tout les racines religieuses et collectives de la radicalisation contre une explication réduite au terreau social original. Les mots alors largement commentés de Manuel Valls, alors Premier ministre, en constituent la plus pertinente illustration :

> Vous avez souligné quelque chose qui me paraît très juste : aucune excuse ne doit être recherchée ! Aucune excuse sociale, sociologique ni culturelle ! Dans notre pays, rien ne justifie que l'on prenne les armes pour s'en prendre à ses propres compatriotes[1].
>
> Il ne peut y avoir aucune explication qui vaille. Car expliquer, c'est déjà vouloir un peu excuser[2].

Ces mots de Manuel Valls incriminent au fond un réflexe propre à la doctrine marxiste, reléguant les questions immatérielles (l'idéologique, la politique…) au rang de superstructures

1. Déclaration de Manuel Valls, Premier ministre, en réponse à une question sur la lutte contre le terrorisme et le radicalisme sur fond d'engagement djihadiste, à l'Assemblée nationale le 25 novembre 2015.
2. Manuel Valls, Cérémonie organisée par le Conseil représentatif des institutions juives de France (CRIF), 9 janvier 2016.

(*Überbau*) déterminées par la base matérielle (*Basis*). Les raisons ayant conduit aux évènements tragiques de 2015 seraient alors à aller chercher dans les conditions matérielles et socio-économique des individus.

Cette dernière lecture comme celle incarnée par les propos de Manuel Valls refusent une explication libérale et individualiste des évènements. Toutes deux s'opposent ainsi à l'argument libéral d'une responsabilité individuelle déconnectée de toute dimension extérieure. Mais là où l'article de *Reporterre* incombe in fine la responsabilité de la violence djihadiste à une République française qui n'aurait pas traité tous ses enfants et ressortissants à égalité, c'est dans celle de l'embrigadement religieux que ses contradicteurs inscrivent leur discours. Politiquement, l'erreur alors commise par Manuel Valls réside dans l'association de l'action d'expliquer à celle d'excuser. En s'adonnant à ce raccourci, il associe deux démarches qui n'ont pourtant rien à se dire : l'une doit être combattue, l'autre est indispensable pour comprendre les mécanismes d'embrigadement et de passage à l'acte.

On retrouve enfin cette critique du « tout économique » au sein d'une gauche modérée. Quelques années plus tôt, critique de l'abandon du social par la gauche française, Laurent Bouvet investit ce champs critique et nourrit le procès en économisme :

> La gauche française vit, alors même qu'elle exerce pour la quatrième fois depuis 1981 le pouvoir d'État, un de ces moments de crise aiguë dont elle est coutumière. [...] Au nombre de ceux-ci, il y en a un, sans doute moins connu et reconnu que d'autres mais pas moins important pour autant, idéologique si l'on veut : celui de l'économisme qui paralyse la gauche alors que l'état de la société et les bouleversements de l'ordre du monde commandent, de manière de plus en plus pressante, de le dépasser. [...] c'est surtout à la situation actuelle que renvoie le paradoxe d'une vision essentiellement

économiciste de ce que peut être et faire la gauche. Faire reposer l'identité de la gauche uniquement sur l'action économique, quelle que soit son orientation, c'est, en effet, se condamner très largement à l'impuissance politique. Non parce que les préoccupations économiques et sociales de nos concitoyens seraient devenues secondaires, mais simplement parce qu'ils ne croient plus ni à la capacité ni à la volonté des responsables politiques d'y répondre[1].

La danger économiciste pointé du doigt, la légitimité de l'investissement total des questions immatérielles, souvent réduites à celle de l'identité républicaine, est arrêtée. S'ouvre alors un chantier plus original encore, consistant à voir dans la question identitaire non plus seulement un problème installé qu'il conviendrait de regarder en face, mais un vivier de solutions pour répondre aux enjeux du moment.

L'inversement de l'ordre des priorités : aux origines du piège identitaire

La place de la « question identitaire » est désormais arrêtée, notamment parmi les sympathisants d'une forme de libéralisme issu des écosystèmes « deuxième gauche » et de la famille antitotalitaire. Dans une interview accordée au *Point* – l'une des dernières avant son décès –, Laurent Bouvet décrit ce qu'il entend alors par « âge identitaire » :

> La fin de l'âge totalitaire a conduit une partie de la gauche à se rallier au libéralisme économique dominant, à rebours d'une autre gauche restée économiquement antilibérale. Mais de manière concomitante à cette évolution, en a eu lieu une autre, liée à l'identité individuelle, qui a pris de

1. Laurent Bouvet, « Sortons de l'économisme pour repenser notre commun », *Lemonde.fr*, 13 mai 2016.

> plus en plus d'importance au point de devenir bien plus déterminante politiquement, c'est ce qui caractérise ce que j'appelle l'âge identitaire. À l'âge identitaire, ce qui oriente les positions relatives de chacun, ce ne sont plus la classe sociale ou la position de chacun dans le processus de production, mais les rattachements identitaires, qu'ils soient réels, « objectivables », ou fantasmés. Depuis une quarantaine d'années, ces représentations identitaires se sont mises à guider les comportements politiques, non pas en éliminant les déterminants socio-économiques, mais en les transformant en profondeur. Pour dire les choses de manière grossière, on a vu l'émergence d'un vote des « petits blancs » qui ne votent plus d'abord en fonction de leur intérêt de classe mais en fonction d'une conception plus ou moins floue et plus ou moins « vraie » de ce qu'ils sont identitairement [...][1].

Jacques Julliard légitime également la place du débat identitaire :

> Le penchant polémique de Sarkozy a pollué le débat sur cette notion d'identité [note personnelle : Julliard fait ici référence au débat sur « l'identité nationale » lancé par Nicolas Sarkozy] mais on ne doit pas pour autant la bannir[2].

Ces signaux d'alerte se voulant salvateurs pour la gauche française ne manquent logiquement pas d'interroger. La condamnation du tout-économique, si elle peut sembler séduisante, porterait en elle le vice du piège identitaire et serait une tentation en réalité mortifère pour la gauche : c'est l'argument qui est notamment avancé par Gaël Brustier,

1. Laurent Bouvet, « J'espère qu'il restera mes livres et une certaine cohérence intellectuelle », *Le Point*, 11 février 2020.
2. Jacques Julliard, *Allons-nous sortir de l'histoire ?*, 2019, *op. cit.*, p. 108.

auteur de *Recherche le peuple désespérément*[1] et partisan de la reconquête du « peuple ». Dès le mois de janvier 2013, les premières réflexions pointant le risque d'une guerre contre l'identitarisme qui se mènerait dans les termes propres à l'identitarisme[2] se manifestent. Ces premières tensions portent en elles l'essentiel des arguments mobilisés au cours des débats qui animeront les gauches les années suivantes. Brustier pointe alors les dérives du débat que cette gauche à la fois « anti-identitaire », mais favorable à l'investissement de ces sujets a participé à ouvrir. Au premier plan sont signalés le vice et la pente identitaire que porte en elle la critique acharnée de l'économisme, comme un piège auquel elle s'expose inconsciemment. Au fond est pointée du doigt l'impasse que représente une critique de la reconquête du peuple au nom du seul républicanisme, critique expliquant l'éloignement progressif de la gauche et du peuple davantage par un déficit de république que de politiques sociales.

> Pour quelques-uns, un choc de compétitivité sur les « valeurs » viserait à rendre la gauche concurrentielle face au produit vendu par Patrick Buisson. Si une telle OPA sur la gauche populaire devait voir le jour, le résultat serait désastreux. Dire que c'est une victoire que « d'avoir rendu les petits blancs à nouveau légitimes à gauche[3] » revient de fait à valider une division ethnique du peuple français, à essentialiser les classes

1. Gaël Brustier, *Recherche le peuple désespérément,* Paris, François Bourin, 2009.
2. Nous reviendrons sur cette querelle dans la deuxième partie de notre travail « Les querelles identitaires : le temps des ruptures ».
3. Brustier fait ici référence à une parole attribuée à François Kalfon dans *Libération* : Jonathan Bouchet-Peterson, « L'entre-deux France dans l'œil de la gauche populaire », *Libération.fr*, 28 septembre 2012.

populaires et à faire exactement l'inverse des objectifs qui ont donné naissance à la gauche populaire[1].

Motivée par un axiome matérialiste et socialiste, cette critique de l'anti-économisme ne doit pas être confondue avec une autre : celle émise du point de vue antiraciste et qui vise à mettre en garde une gauche « ouvriériste » contre tout risque de cécité à l'égard des discriminations et d'adhésion à son insu à un universalisme républicain considéré comme abstrait voire mensonger.

La concrétisation la plus évidente de ce renversement de l'ordre traditionnel des priorités voit le jour le 7 janvier 2015, date de l'attentat contre Charlie-Hebdo, avec la proposition formulée par Laurent Bouvet autour de « l'insécurité culturelle », terminologie qu'il emprunte au consultant-géographe Christophe Guilluy et au qualitativiste Alain Mergier[2]. Considérée par Bouvet comme une hypothèse-notion et non comme un concept[3] – reproche qui lui sera injustement formulé –, le politiste y opère la liaison entre la question populaire et celle de l'identité. Alors que les critiques se formulaient encore quelques années plus tôt à partir d'un axiome matérialiste, l'année 2015 accélère le tournant « républicaniste » d'une fraction de la gauche, parfois issue des mêmes

1. Tribune de Gaël Brustier, « Gauche populaire : quelques vérités », *Libération.fr*, 4 janvier 2013.
2. Ce dernier l'utilise dès 2011 dans *Plaidoyer pour une gauche populaire.* Alain Mergier, « Insécurité, identité, protection et protectionnisme » dans *Plaidoyer pour une gauche populaire*, Bordeaux, Le Bord de l'eau, p. 66.
3. « Ce n'est pas un concept car il n'y a pas de théorisation de l'insécurité culturelle. C'est une notion ou une expression utilisée pour désigner un certain nombre de comportements », intervention orale de Laurent Bouvet à la Fondation Jean-Jaurès, 28 janvier 2015.

rangs du PS et de ses cercles proches. La publication de *L'insécurité culturelle*[1], mais plus largement l'investissement décomplexé de la question identitaire créé une scission forte au sein même de la famille des apôtres d'une « critique socialiste » du sociétalisme.

Les attentats du mois de novembre 2015 font figure de nouveau choc de par l'ampleur de la tuerie perpétrée au Bataclan. Le 11 mars 2016 paraît le *Manifeste pour un printemps républicain*, texte annonçant la création d'un mouvement et la tenue d'un évènement de lancement. Le manifeste fait directement référence aux attentats survenus en 2015, et pointe, en réaction à une « République attaquée », « l'urgence » de rappeler et soutenir des principes : « La République, ce qui nous est commun », « La laïcité, ciment du contrat social républicain », la « Nation, [qui] est à la fois une histoire et un destin communs ». Surtout, le texte associe l'extrême droite et l'islamisme comme « faiseurs et défaiseurs identitaires », association qui, au moins au niveau théorique, nous semble pertinente et faire sens compte tenu de la symétrie des logiciels argumentatifs :

> Seuls les faiseurs et défaiseurs identitaires de tous bords ont tenté de profiter de l'occasion pour faire encore progresser leurs idéologies délétères. Que ce soit en avançant des explications toutes faites et des causalités douteuses, ou en niant la réalité des faits et leur portée politique. L'extrême droite comme l'islamisme politique sont à la manœuvre pour tenter de jouer avec les peurs et les tensions qui traversent la société française. À chaque fois, c'est la République qui est attaquée. À chaque fois, ce sont ses principes de liberté, d'égalité, de fraternité et de solidarité qui sont pris à partie.

1. Laurent Bouvet, *L'insécurité culturelle*, Paris, Fayard, 2015.

> C'est son esprit laïque qui est mis en cause. À chaque fois, ce sont ses défenseurs qui sont pointés du doigt.

Si l'extrême droite et l'islamisme politique sont clairement mentionnés, la seule référence explicite à la gauche dans le texte est faite pour rappeler l'origine partagée de ses signataires. En revanche, l'économisme est bien pointé du doigt, par le rejet d'une forme de culture de l'excuse et d'aveuglement que nous évoquions plus haut. Ainsi, le manifeste dénonce-t-il « des explications toutes faites et des causalités douteuses » et ceux qui nient « la réalité des faits et leur portée politique ». S'agissant de ce qu'il convient de combattre, il est alors davantage question d'une position, celle de l'excuse, que d'une étiquette, celle de l'extrême gauche.

On se place ici au cœur de ce que nous entendons par « critique républicaine » du sociétalisme, c'est-à-dire une critique formulée au nom de l'idée républicaine. Elle est désormais marquée par l'association explicite de l'islamisme et de l'extrême droite comme semblables dans leur logiciel car faisant de l'affirmation identitaire le for intérieur de leurs doctrines, mais aussi par l'affirmation de la centralité de la laïcité, qui n'était jusqu'à présent que l'un des éléments du discours critique de la gauche socialiste ou républicaine. Nous nous arrêterons sur ces différents points plus bas. Deux moments nous semblent constitutifs de l'investissement par cette fraction de la gauche dite « républicaine » de la thématique identitaire.

D'abord, en accordant à la « question identitaire » la primauté qui s'impose quand la traditionnelle revendication d'intérêts de classe est supplantée par la revendication de droits subjectifs liés à des critères identitaires[1]. Nous l'avons vu,

1. Que cela soit encouragé ou regretté, les positions étant peu claires à ce sujet, voir chapitre suivant.

cette proposition prend pour appui un rejet de l'économisme entendu comme « idéologie de l'économie » cherchant à expliquer les faits sociaux par les seules conditions matérielles d'existence.

Ensuite, en proposant une approche « républicaine » de ce rejet de l'économisme, approche méfiante vis-à-vis d'une forme de libéralisme culturel qui, en valorisant l'exacerbation des identités personnelles, oublierait le « commun ».

Si le lien entre question sociale et républicanisme – opéré jadis par Jaurès – ne surprend pas, c'est davantage l'inversion de l'ordre des priorités propres à l'idée socialiste (ou marxiste) qui éveille le doute, particulièrement s'agissant de son utilité pour résoudre le problème identitaire.

Incarné par Manuel Valls, alors Premier ministre, ce nouvel agencement des axes de la bataille culturelle entraînera plusieurs familles de réactions politiques et idéologiques :

– l'une, fidèle à l'idée communiste, dénie l'importance même de ces enjeux : c'est une position tenue à la gauche radicale d'inspiration marxiste, structurée autour du seul combat qui vaille la peine d'être mené : celui de la socialisation des moyens de production ;

– une autre, fidèle à l'idée d'un socialisme-républicain qui persiste à voir dans la question sociale le principal axe d'émancipation des masses laborieuses, mais qui embrasse la tradition républicaine propre au socialisme jauressien et à une conception de la nation comme échelon des interactions sociales et d'exercice des solidarités, dans la lignée des travaux de Marcel Mauss. On y trouve des héritiers du chevènementisme, des membres du PS (les anciens rédacteurs du *Manifeste pour une gauche populaire* François Kalfon et Laurent Baumel, Jérôme Guedj, Emmanuel Maurel, Arnaud Montebourg, Laurence Rossignol...), mais aussi du Front de gauche, voire de LFI

(Alexis Corbière, Jean-Luc Mélenchon pendant la majeure partie de sa carrière politique...), des économistes comme Christophe Ramaux et plus récemment, sur une ligne national-thorézienne, des membres du Parti communiste français (position incarnée par Fabien Roussel à l'occasion de la campagne présidentielle de 2022 notamment) ;

– une critique valorisant les questions dites « de société » (mœurs, droits des minorités...), mais considérant les enjeux dits « identitaires » non seulement comme subsidiaires, mais aussi indissociables de la réaction, et regrettant la majoration de ces thématiques par rapport à la question sociale. C'est la position partagée et défendue par une grande partie de la gauche partisane (Benoît Hamon, Christiane Taubira...). La sensibilité aux enjeux dits de société peut par ailleurs épouser la critique d'un « d'ouvriérisme », voire celle d'une accointance avec la vision « producériste[1] » du RN, parfois reproché à la gauche traditionnellement socialiste. Une critique que l'on retrouve dernièrement au sein du camp mélenchoniste et adressée en réponse aux objections émises à l'égard de la stratégie Insoumise de séduction des quartiers populaires ;

– enfin, une position qui ne trouve rien à redire du primat des questions post-matérialistes dans le débat public (qu'il s'agisse de mœurs, de droits des minorités ou d'identité), mais marquée par un désaccord de fond avec la gauche dite « républicaine » sur la qualité des réponses à y accorder : Parti des Indigènes de la République...

Ces critiques s'élèvent contre un renversement alors consommé et attribué à l'écosystème « vallsiste » : à l'ancienne

1. Le terme est de Michel Feher, voir « Avec le RN, les gens s'entendent dire que les choses vont s'améliorer sans qu'ils n'aient rien à changer », entretien en ligne avec *Mediapart.fr*, 7 septembre 2024.

majoration souhaitée du « social » sur le « sociétal » doit succéder une majoration de la question « identitaire ». Celle-ci doit dès lors être pleinement investie par-delà le combat pour l'amélioration des conditions sociales et matérielles. Le désalignement de l'idée socialiste et de l'idée républicaine entraîne ainsi une question de cohérence que soulevait Laurent Bouvet quelques années plus tôt. Celui-ci pointait alors le problème de cohérence intellectuelle et politique que posait le positionnement de Manuel Valls :

> Pendant les primaires où il a pu exprimer son propre projet [...], il y avait à la fois l'aspect retour à une conception républicaine de la sécurité etc., mais en même temps un très fort libéralisme du point de vue économique. Or, en philosophe politique, je trouve qu'il y a une cohérence dans le libéralisme. Si vous lisez Terra Nova, il y a une cohérence entre une forme de libéralisme économique, d'ouverture, de liberté de l'acteur et le libéralisme culturel. Le côté « droits de l'individu » qui est la résolution de toutes les aliénations, de toutes les dominations où l'on oublie le sens commun, le bien commun, le sens du peuple [...]. Là il y a un schisme profond dans la gauche[1].

C'est ici à un nouveau type de clivage auquel la gauche est confrontée, propre à la nature d'éléments pourtant relégués dans la tradition marxiste au rang de superstructures. Si le précédent – clivage de degré, de proportion entre social et politique – recouvrait en partie une opposition plus traditionnelle dans l'histoire socialisme français[2], il ne laissait pas de place à un débat propre à la « qualité », qu'il s'agisse de la manière dont était entendue la question sociale ou de la

1. Émission « La gauche et le peuple, l'heure des retrouvailles ? », RFI, 23 janvier 2012.
2. Voir p. 45-46.

manière dont était entendue la question républicaine. Celui qui nous a ici intéressé ne s'encode pas dans l'histoire intellectuelle des gauches, mais davantage dans celle du couple opposant républicanisme et libéralisme. Son importation à gauche fait figure de nouveauté[1].

« L'abandon du peuple » : mantra extensif

À la jonction des objections socialiste et républicaine se formule une critique plus vaste se désolant d'un abandon par la gauche du « peuple ». L'abandon du social et des classes populaires correspondrait à un abandon plus général du « peuple »[2].

Le retour de la gauche au pouvoir en 2012 et les difficultés rencontrées par le président de la République François Hollande s'agissant de la politique économique à mener vont rouvrir le débat. En 2013, les débats sur l'ouverture du mariage aux couples de même sexe relancent les discussions classiques à gauche sur l'articulation entre ce qui est entendu par « social », c'est-à-dire ce qui relève du travail, des services publics, des conditions de vie matérielle et des rapports de production – et ce qui est appelé « sociétal » –, entendu de manière large comme regroupant les enjeux « de société ». La discussion opposant social et sociétal va d'ailleurs rapidement

1. Nous renvoyons ici à la sériée télévisée *La Fièvre*, qui souligne et incarne ce basculement.

2. Une lecture notamment défendue par Laurent Bouvet dans *Le sens du peuple . La gauche, la démocratie, le populisme* (Gallimard, 2012), regrettant, sous la forme d'une critique de l'héritage de la deuxième gauche, la substitution du signifiant « peuple » par celui de « société civile » concomitant de la substitution de la figure du « citoyen » par celle de « l'individu ».

se répandre au-delà de la seule gauche, une partie de la droite conservatrice trouvant dans cette critique matérialiste une prise d'appui pour opposer à la gauche son conservatisme « sociétal ». Au mépris de l'exigence que la cohérence intellectuelle impose, la critique socialiste du sociétalisme se trouve ainsi investie par une frange de l'échiquier idéologique normalement peu investi dans l'émancipation des masses ouvrières. Du point de vue conservateur, l'ambition est claire : mieux vaut que la gauche s'adonne à la défense des droits des travailleurs qu'à la défense desdites « minorités ». Si la défense des travailleurs n'épouse ni leurs convictions politiques et économiques, elle ne constitue pas une menace comparable à celle que représentent les « minorités » s'agissant de la préservation de l'ordre civilisationnel. Cette lecture est par exemple défendue par Chantal Delsol (mais aussi par d'autres, Luc Ferry par exemple[1]) qui s'interroge : « Pourquoi la gauche ancre son programme d'action dans les questions de mœurs, au détriment des questions de redistribution économique[2] ? »

Progressivement, la massification opportuniste de cette lecture socialiste s'étend à toute une partie du monde médiatique et politique. À tel point que l'invocation systématique du « social » face au « sociétal » complexifiera la dissociation d'une critique « de gauche », entendre ici socialiste et progressiste et d'une critique « de droite », entendre ici libérale et conservatrice. Les illustrations de l'investissement de cette

1. Les exemples de formulation de cette accusation rapide sont nombreux. À titre d'exemple : « La gauche était universaliste, laïque et républicaine, elle est devenue sociétale et a abandonné la question sociale. » Luc Ferry sur CNews, 1er janvier 2022.
2. Chantal Delsol, « La gauche préfère le "sociétal" au "social" », tribune dans *Le Figaro.fr*, 11 août 2013.

critique par des personnalités issues des droites sont fréquentes et formulées au nom d'une « droite sociale ». Au sein même de la majorité d'Emmanuel Macron et du gouvernement d'Élisabeth Borne, les exemples de cette interprétation ne sont pas rares. Ainsi, le ministre de l'Intérieur Gérald Darmanin organise-t-il au mois d'août 2023 une rentrée politique sous le signe des « catégories populaires » et confiera-t-il « penser comme Ruffin ou Roussel que c'est la question sociale qui est la plus importante[1] ». Face à l'ensemble de ces récupérations, des voix contestant la séparation de l'émancipation économique et l'émancipation culturelle tâcheront de se faire entendre[2].

À gauche, les exemples sont nombreux dans la sphère des intellectuels publics, l'un des principaux et plus célèbres pourfendeurs du déséquilibre entre luttes sociales et luttes sociétales étant Jean-Claude Michéa. Un des points les plus célèbres de sa pensée consiste à adosser les libéralismes économique et culturel qui, loin d'être deux philosophies politiques autonomes, seraient en réalité interdépendants. La gauche, incapable de s'attaquer aux inégalités et à la répartition des moyens de production, serait alors empêtrée dans une logique de précarisation des travailleurs qui la contraint à se consacrer

1. Tristan Quinault-Maupoil, « Gérald Darmanin au *Figaro*: "Ce qui m'inquiète maintenant est ce qu'il se passera en 2027" », *Le Figaro.fr*, 13 août 2023.
2. Ce point de vue est récurrent. Deux exemples, à onze années d'intervalle: Jonathan Bouchet-Petersen: « Social ou sociétal. La gauche doit-elle choisir? », *Libération.fr*, 24 décembre 2012 ou encore Fabien Escalona, « Opposer "social" et "sociétal": le piège dans lequel François Ruffin saute à pieds joints », *Mediapart.fr*, 6 juin 2023.

aux enjeux de société[1]. Schématiquement, ce déplacement thématique du social vers le sociétal épouse un déplacement sociologique du « populaire » aux « classes moyennes ». Alors que des voix invitent la gauche à dépasser cette opposition pour certains théoriquement infondée, pour d'autres stratégiquement mortifère, les gauches demeurent prisonnières de ce tiraillement. Dès septembre 2021, l'annonce de la candidature à l'élection présidentielle d'Arnaud Montebourg épouse la partition chevènementiste, désormais assimilable à un marronnier d'une partie du discours politique. Montebourg ambitionne alors de prendre à rebours une gauche socialiste, ignorante de ses deux piliers : le socialisme et la république. Sa proposition consiste à créer les conditions d'union d'un « bloc populaire » et à dénoncer les travers d'une « gauche sociétale », qu'il accuse d'avoir « déserté le récit national[2] ». Et d'insister quelques mois plus tard :

> Je défends depuis longtemps des sujets que personne ne défend à gauche, que celle-ci a laissé tomber : la valeur travail et sa juste rémunération, que Benoît Hamon et son revenu universel ont abandonnées ; le retour raisonnable de la souveraineté nationale que le PS et son euro-béatitude ont abandonné ; la réindustrialisation et le « made in France » que les Verts antinucléaires rendent impossibles ; la fermeté républicaine dans les domaines régaliens que refuse La France insoumise qui théorise son communautarisme. [...] Pour moi qui suis un enfant de la France rurale et des sous-préfectures, je ressens avec Christophe Guilluy ce mépris de la France

---

1. Voir notamment ses travaux de 2017 et 2018 : Jean-Claude Michéa, *La gauche et le peuple : lettres croisées*, avec Jacques Julliard, Paris, Flammarion, 2014 et *Notre ennemi, le capital : notes sur la fin des jours tranquilles*, Paris, Flammarion, coll. « Climats », 2017.
2. « Arnaud Montebourg, sautant la case PS : "La gauche sociétale a déserté le récit national" », *Libération.fr*, 3 septembre 2021.

> d'en haut qu'ont mis en scène les Deschiens. C'est pourquoi ma candidature porte une affirmation culturelle à rebours de cette dérive sociologique de la gauche des métropoles.

Cette critique mérite une attention particulière en ce qu'elle porte en elle les grandes critiques adressées à la gauche progressiste, dans un melting-pot mêlant souverainisme, républicanisme, socialisme et conservatisme. Elle se formule ainsi à quatre niveaux :

– le réinvestissement d'une « valeur travail », entendue comme oubliée à gauche ;

– le souverainisme : celui-ci, particulièrement structurant dans les deux décennies 1990 et 2000, l'est moins sur la période qui nous intéresse, en tout cas s'agissant du paysage progressiste, pour plusieurs raisons (le cas de l'extrême droite et de sa mue social-souverainiste est évidemment bien différent). D'abord en raison d'une situation électorale qui place peu cet enjeu au centre des préoccupations (aucun référendum) mais aussi en raison de la conjoncture faisant exploser les questions identitaires au tournant de l'année 2015. Un point demeure néanmoins digne d'intérêt, dès aujourd'hui, mais probablement pour les années qui viennent. Sur fond d'antiaméricanisme et de méfiance vis-à-vis de ce qui est péjorativement désigné comme l'idéologie « droit-de-l'hommiste » – nous reviendrons plus tard sur les problèmes que cela soulève –, il concerne le rapprochement de la proposition souverainiste et d'une paradoxale sympathie de vue pour la Russie et l'impérialisme de Vladimir Poutine (et ce même lorsque cela affecte les intérêts français, de quoi mettre en crise la revendication de patriotisme). Les trajectoires de Jacques Sapir, de Michel Onfray, de Jean-Pierre Chevènement voire d'Hubert Védrine ou de Jean-Luc Mélenchon, dans une version remaniée et sur la période plus contemporaine, sont particulièrement éloquentes ;

– l'enjeu de la réindustrialisation et du protectionnisme économique ;

– l'affirmation de l'autorité de l'État contre le laxisme.

Est ainsi formulée une vive opposition, de fond et de stratégie, à l'égard d'un tournant « sociétal-démocrate » qui aurait affecté et engagé une large partie des rangs progressistes, de la gauche partisane et intellectuelle. Que cette critique soit embrassée par des apôtres d'une « première gauche » acquises aux cadres théorique du marxisme ou de l'étatisme est peu surprenant. L'intérêt de la période qui nous intéresse est qu'elle est invoquée par une partie de ceux-là mêmes qui ont, quelques années plus tôt, plaidé pour une refonte du logiciel socialiste. Alors que la proposition de la « deuxième gauche » consistait en une adaptation du logiciel socialiste au travers d'une révision de l'héritage jacobino-républicain et plus largement des catégories traditionnellement utilisées pour penser l'émancipation, Jacques Julliard – pourtant intellectuel organique de la deuxième gauche – va lui-même s'adonner à cette critique. Tout en conservant une approche modérée de la question sociale (dans la lignée des apports de Pierre Rosanvallon, de la revue *Esprit*, de la Fondation Saint-Simon et de la CFDT), Julliard va investir cette critique républicaine de l'abandon par la gauche du prolétariat (critique parfois désignée comme s'inscrivant dans un « néo-républicanisme » voire comme s'apparentant à une forme de « national-républicanisme »[1]).

> Cette nouvelle approche est partagée par un nombre croissant d'intellectuels. Pour autant, la plupart d'entre eux ne sont pas passés à droite. Ce qu'ils reprochent à la gauche, c'est de s'inventer de nouveaux prolétariats au détriment du prolétariat réel. Au bout du compte, ces écrivains et essayistes

1. Nous renvoyons ici à la Partie 2 « Les querelles identitaires : le temps des ruptures », p. 83 de notre travail.

se rapprochent du peuple réel à mesure que le Parti socialiste s'en éloigne[1].

Ainsi, la deuxième gauche se drape-t-elle dans les habits rhétoriques de la première. Julliard investit ici l'idée d'un prolétariat nouveau parfois dit de « substitution », qu'il désigne, dans son livre d'échanges avec Jean-Claude Michéa, comme « peuple de remplacement[2] ». Dans la suite des critiques adressées au rapport de Terra Nova, ces objections entendent charger la gauche pour avoir troqué son acteur historique, la classe ouvrière, pour une galaxie d'acteurs de « substitution », composée selon les versions soit de diverses minorités (femmes, immigrés, jeunes...), soit, dans un registre identitariste, des Français de confession musulmane formant supposément un bloc homogène.

Le cas de Jacques Julliard est particulièrement éloquent s'agissant de l'évolution de positions issues de l'antitotalitarisme, s'émancipant alors de leur héritage « deuxième gauche ». C'est une forme particulière d'articulation idéologique qui se forme alors : un héritage assumé s'agissant du rapport décomplexé au marché, mais laissant de côté l'assouplissement s'agissant du libéralisme culturel au profit d'une rigidité républicaine propre à la première gauche. Rappelons les mots de Rocard pour qualifier sa gauche : « libératrice, qu'il s'agisse des majorités indépendantes comme les femmes ou des minorités mal accueillies dans le corps social : jeunes, immigrés, handicapés ». Cette proposition va de pair avec un durcissement idéologique : la

1. Jacques Julliard, *Allons-nous sortir de l'histoire ?*, 2019, *op. cit.*, p. 105.
2. Jacques Julliard et Jean-Claude Michéa, *La gauche et le peuple*, Paris, Flammarion, 2014, p. 140.

trajectoire de Manuel Valls qui regrettait quelques années plus tôt le « grand travers, propre à la difficulté de notre modèle républicain » que fut « l'occultation totale des différences[1] » en est une efficace illustration.

Cette articulation, relativement neuve, ouvre la voie à une tendance « réformiste-républicaine », actant la désindexation entre les idées socialiste et républicaine. Distinguons-en deux axes forts que nous commenterons plus tard dans notre travail :

– le premier, qualitatif, concerne le fond des positions idéologiques : la conjonction d'une forme de libéralisme économique[2] et d'une forte référence à un républicanisme « à la française » ;

– l'autre, quantitatif, concerne l'articulation des champs de la guerre idéologique : la primeur accordée à la question culturelle-identitaire sur la question sociale.

Si nous prenons au sérieux la proposition réformiste-républicaine qui fait de la question culturelle-identitaire la pierre angulaire de son engagement, il est légitime de s'interroger sur les rapports qu'elle entretient avec la gauche. Nous proposons le détail des trois points suivants, dont la conjugaison – et elle seule – compromet cette affiliation :

– la minoration de la place accordée aux questions sociales et matérielles par rapport aux sujets ayant trait aux questions culturelles et d'identité ;

1. Manuel Valls, *L'énergie du changement*, Paris, Le cherche midi, 2011, p. 76-77.
2. Premier ministre, Manuel Valls ne laisse pas de doute quant à la nature de ses positions et de celles de son gouvernement sur les sujets économiques à plusieurs reprises : « J'aime l'entreprise », à l'université d'été du MEDEF, « My government is pro-business » le 6 octobre 2014 à Londres.

– une forme de libéralisme sur le plan économique et de bon accueil réservé à la responsabilité individuelle par rapport aux dynamiques sociales nécessairement collectives ;
– l'affirmation d'une autorité républicaine qu'il convient de faire respecter.

La réunion de ces trois critères (une proposition politique qui place en second plan les questions sociales se méfie d'une intervention économique trop importante de la puissance publique, mais affirme son autorité sur le plan régalien et culturel) expose ainsi à deux registres d'accusation que nous avons parcouru plus haut : l'un sur le plan du socialisme, l'autre ayant trait à l'idée républicaine. La première est celle d'un impossible encodage dans la tradition du socialisme républicain. La seconde objection pointe la dévitalisation d'un républicanisme vidé de son contenu éthique et moral, réduit à un catéchisme ayant pour dogme une république fétichisée et modélisée.

Quelles classes populaires ? Actualités du débat

La décennie a donc conduit à un fort investissement, du moins dans les discours, du signifiant « classes populaires ». Les cercles politique, intellectuel et médiatique s'en sont allègrement emparés. Mais qu'en est-il d'un « choc de la demande » des classes populaires elles-mêmes vis-à-vis de la gauche ?

La préparation de la présidentielle de 2022, mais principalement l'après 2017 engagent une nouvelle étape dans la production d'idées socialistes et la rénovation doctrinale. La revue *Germinal* s'attache à penser ensemble tradition et contemporanéité dans la conjugaison de trois idées : républicaine, socialiste et écologique. Ses thématiques font écho aux débats qui agitent la gauche[1]. La revue en ligne *Le temps des ruptures* et son « Université des Possibles » se donnent elles aussi pour mission de penser les contrariétés socialistes contemporaines autour d'une réconciliation de la gauche avec les classes populaires sur une ligne « sociale et républicaine ». Bref, les initiatives, fussent-elles de niche, ne manquent pas et témoignent de la volonté de prendre le problème à bras-le-corps. Du point de vue de l'action politique directe, partisane, l'année 2022 a vu le député Philippe Brun – nouvellement élu dans une circonscription, l'Eure, par ailleurs acquise au RN – et la sénatrice Laurence Rossignol investir cette critique. Dans une grammaire et une configuration argumentative reprenant quasi symétriquement celle que nous avons rappelée plus haut, les parlementaires socialistes en appellent à une « ligne populaire » affirmant une ambition de reconquête des classes populaires, « ce peuple introuvable » écrivent-ils. Cela doit passer par le rappel de la centralité de la question sociale par rapport aux sujets migratoires notamment[2], tout en contestant à l'extrême droite le monopole de marqueurs historiquement associés à la gauche :

> Nous avons tout livré à l'extrême droite : travail, nation, justice, laïcité, civisme. [...]. La défense de la République est confisquée par ceux qui la traitaient de « gueuse » jadis, la laïcité par ceux qui veulent inscrire les racines chrétiennes de la France dans la Constitution, la sécurité par ceux qui la

1. Le premier numéro, intitulé « Le retour des nations », explore la question nationale, le second, intitulé « La république écologique », traite des relations entre cause écologique et républicanisme et le troisième s'intitule « La politique des classes populaires ».
2. Interview de Phlippe Brun par Clément Pétreault, « "L'immigration n'est pas au cœur des revendications des gens" », *Le Point.fr*, 16 janvier 2023.

> réduisent aux faits divers et le travail par ceux qui refusent qu'il soit rétribué à sa juste valeur. [...]. Les ouvriers, employés, caissières, travailleuses du lien, travailleurs de la manutention et de la logistique, « la société du back-office », n'ont plus que leur colère comme moyen d'expression, leur abstention comme moyen de vote, le vote RN comme maigre résignation. [...] Nous devons réaffirmer qu'il existe des liens qui libèrent, ceux du soin et de la solidarité. [...]. Résolument installée du côté du peuple, la gauche doit entendre tout ce que celui-ci a à lui dire, sans tabous ni préjugés. [...]. Nous devons porter un discours fort et clair d'ordre et de justice[1].

Prononcé en janvier 2012, le célèbre discours du Bourget de François Hollande sera largement imprégné de ces deux grandes objections formulées à l'égard de ce que nous avons appelé, par souci de lisibilité, « sociétalisme ». Intransigeant sur la question sociale comme sur l'ordre public, le discours du candidat socialiste restera comme le plus célèbre de la vie politique de François Hollande. Souvent réduit à son passage prenant à part le « monde de la finance », le discours d'entrée du candidat Hollande en campagne investit tous les aspects d'une proposition à la fois fidèle à l'idée socialiste comme à l'idée républicaine :

> Dans cette bataille qui s'engage, je vais vous dire qui est mon adversaire, mon véritable adversaire. Il n'a pas de nom, pas de visage, pas de parti, il ne présentera jamais sa candidature, il ne sera donc pas élu, et pourtant il gouverne. Cet adversaire, c'est le monde de la finance [...]
> L'insécurité est une injustice sociale intolérable. Elle touche les plus modestes, les plus âgés, les plus jeunes, les plus fragiles. [...] Et je lutterai contre tous les trafics, toutes les

1. Tribune de Philippe Brun et Laurence Rossignol, « Une ligne populaire pour sauver la gauche », *Libération.fr*, 25 novembre 2022.

> mafias. Pas plus que je n'accepte la délinquance financière, la fraude fiscale, pas plus je ne tolère qu'un petit caïd avec sa bande mette une cité en coupe réglée et fasse vivre à ses habitants un enfer. Tous ceux-là, les délinquants financiers, les fraudeurs, les petits caïds, je les avertis : ceux qui ont pu croire que la loi ne les concernait pas, le prochain président les prévient, la République, oui, la République vous rattrapera ! [...]
> Une France de la justice, où l'argent sera remis à sa place, qui est celle d'un serviteur et non d'un maître. [...] Une France de la diversité où chacun apportera sa différence, mais dans l'unité de la République, où les outre-mer nous ouvrent à tous les horizons du monde et où les enfants d'immigrés doivent être fiers, fiers d'être Français, Français, parce que c'est le plus beau nom qu'on puisse donner à un citoyen du monde [...][1].

L'élection présidentielle de 2022 et le très bon score de Jean-Luc Mélenchon n'ont nullement réglé la question. Au contraire, le débat en est sorti redynamisé. La candidature d'Anne Hidalgo (PS) réalise le plus mauvais score de l'histoire de ce parti à l'élection présidentielle avec 1,74 % des voix. La candidate socialiste alors maire de Paris réalise moins d'1 % du vote ouvrier, 2 % du vote des employés, 3 % du vote des cadres et 2 % du vote des retraités. La candidate du RN, pour sa troisième candidature, fait le plein dans l'électorat populaire : 35 % du vote ouvrier et la même proportion du vote des employés, parachevant son entreprise massive de séduction et de fidélisation des classes laborieuses[2]. Plus spécifiquement, Marine Le Pen fait le plein parmi les Français

1. François Hollande, discours 22 janvier 2012 au Bourget, retranscrit intégralement par *Le Nouvel Obs.fr*.
2. Voir ici Luc Rouban, *La vraie victoire du RN*, Paris, Presses de Sciences Po, 2023.

les plus fragiles à la fois objectivement (en témoignent ses scores cités juste avant), mais aussi subjectivement : elle est la candidate de ceux qui ont le sentiment que leur situation dans la société se dégrade, mais aussi d'une France qui oscille, dans son état d'esprit, entre sentiment d'indifférence et de révolte[1]. S'agissant de Jean-Luc Mélenchon, celui-ci réalise de bons scores dans l'électorat populaire, mais reste largement devancé par la candidate du RN. Deux débats vont dès lors s'ouvrir.

L'un sur le « premier candidat » des catégories populaires, discussion soulevée par Thomas Piketty et Julia Cagé qui entraînera des réactions parmi les rangs Insoumis[2]. Un second, interne à la gauche, relève davantage du registre qualitatif. Ce débat va concerner ce qui est entendu par « classes populaires », à la frontière des enjeux matériels et culturels. Avec, en toile de fond, l'identité du segment sociologique à privilégier dans une démarche de ciblage électoral. Pour reprendre l'expression parlante d'un des protagonistes du débat, la discussion va se configurer à partir de la « France des tours » d'un côté (entendre la France des cités) de la « France des bourgs » de l'autre (entendre la France rurale et celle dite « périphérique »). À l'heure où les questions post-matérialistes et l'affectation religieuse ont pris une place considérable dans le débat public, l'opposition entre ces « deux France » relève évidemment d'une stature non seulement sociale, mais aussi culturelle : de quoi enflammer la conversation publique.

1. Enquête post-électorale Viavoice pour *Libération*, avril 2022.

2. Interview de François Ruffin par Rachid Laïreche dans *Libération* daté du 13 avril 2022 : « François Ruffin : "Jusqu'ici nous ne parvenons pas à muer en espoir la colère des 'fâchés pas fachos'" ».

Pour évacuer tout risque d'une lecture « identitariste » de son approche, François Ruffin investit dans le même temps, minoritairement, mais explicitement, le discours du commun :

> Je pensais à ce grand gâchis : toutes voulaient démissionner. Autre chose, aussi : vous avez entendu leurs prénoms, Assia, Sandie, Hayat, Aline, ça dit un peu de leurs origines, d'ici et d'ailleurs. Mais il n'y a que moi qui y songeais, elles étaient là, simplement, comme des Françaises, comme des travailleuses, comme des copines. Depuis une heure qu'elles échangeaient, depuis un an qu'on les filmait, jamais elles n'avaient discuté ou disputé sur ces origines, sur leur « identité », sur une « religion », sur comment elles s'habillent et que mangent-elles le vendredi. Jamais, alors, voilà deux projets, pour elles pour notre pays. Les séparer, les diviser, Assia et Hayat, d'un côté, Aline et Sandie de l'autre. Ou alors, ensemble, qu'elles travaillent toutes ensemble, qu'elles luttent toutes ensemble, pour améliorer leurs vies et celles de nos enfants. Qu'elles fassent, ensemble, la France de demain, la France dont nous avons besoin[1].

Ainsi, la proposition du député se distingue à la fois d'une chapelle strictement républicaine, séparant la question d'appartenance nationale de la question sociale, et d'une autre strictement internationaliste qui reléguerait la question nationale à une poussée de fièvre identitaire et à un piège qu'il conviendrait d'éviter[2]. Son registre est, in fine, assez traditionnellement

1. François Ruffin, *Je vous écris du front de la Somme*, Paris, Les liens qui libèrent, 2022, p. 128-129.
2. Approche présente au sein des gauches héritières du trotskisme, qui distingue leur antilibéralisme internationaliste d'antilibéralisme souverainiste. À titre d'exemple, Nathalie Arthaud dénonce le souverainisme et le « produire français » comme un « poison » (Nathalie Arthaud, *Communiste, révolutionnaire, internationaliste !*, Pantin, Les bons caractères, 2022, p. 91).

socialiste : le sujet du commun comme indissociable d'une émancipation économique et sociale. Se pointe, derrière cette approche, une vision qui sera à l'origine, nous y reviendrons, de divergences profondes à gauche : celle de la solubilité de la question culturelle dans la question sociale.

Quelques jours après le premier tour de l'élection présidentielle, François Ruffin exprime dans *Libération* une contrariété profonde faisant écho aux débats ré-ouverts au début de la décennie, qu'il liera au devenir du « vivre-ensemble » et du « faire nation » :

> Question (Rachid Laïche) : Lorsqu'on observe les cartes, on voit que Mélenchon est fort dans les grandes villes et les quartiers populaires. Mais beaucoup moins dans la France périphérique.
>
> Réponse (François Ruffin) : [...] Jean-Luc veut la jeunesse progressiste de centre-ville, celle des marches pour le climat, il met le paquet, et il les emporte largement avec lui. Jean-Luc veut les quartiers populaires, il se pose comme l'anti-Zemmour, et la gauche retrouve droit de cité dans les cités. Finalement, tous les paris de la campagne sont gagnés. La France périphérique, en revanche, celle des bourgs, n'apparaît pas comme une priorité. Et quand on regarde les statistiques issues des urnes, c'est là-dedans qu'on plonge : le vote Mélenchon fait 24 % en agglomération parisienne [+8 points comparé à 2017, ndlr]. Mais c'est 14 % dans les communes entre 20 000 et 100 000 habitants. [...] C'est là qu'on perd. Au-delà même de la gauche, ça pose une question sur l'unité du pays, ces fractures politico-géographiques : comment on vit ensemble ? Comment on fait nation, sans se déchirer[1] ?

1. Interview de François Ruffin dans *Libération*, 13 avril 2022.

Fraîchement réélu député de la Somme, Ruffin récidive et alerte : « On ne doit pas devenir la gauche des métropoles contre la droite et l'extrême droite des bourgs et des champs[1]. » Le contenu comme le timing de ces paroles sont essentiels. Les questions géographiques et démographiques couvent d'autres enjeux, périlleux pour les gauches en tant qu'ils sont aux prises avec les principales fractures qui les ont affectées. Non pas du point de vue strictement programmatique, mais de l'ordre idéologique et moral. La publication par le même, en septembre de l'année 2024, de *Itinéraire : ma France en entier, pas à moitié* sonnera le glas de sa rupture idéologique avec LFI. Si les enjeux tactiques et le moment de cette publication recouvrent évidemment leur part d'opportunisme, la critique de François Ruffin est brutale, contre « l'ethnicisation » et la théorisation « quasi raciale[2] » de la France par Jean-Luc Mélenchon. Là où l'élu de la Somme se contentait jusqu'à présent de plaider contre un abandon des catégories populaires, défaite morale de la gauche, il se gardait d'approcher le terrain identitaire. En franchissant cette ligne, François Ruffin épouse une critique qui occupe une place nouvelle et cardinale à partir des années 2010 en France. Nouvelle en ce qu'elle ne recouvre pas les traditionnelles oppositions à gauche, ni entre Jean Jaurès et Jules Guesde sur les « deux méthodes », ni entre les dites première et deuxième gauches. Cardinale en tant que structurante des coordonnées politiques et idéologiques nouvelles à gauche et au-delà.

1. Abel Mestre et Julie Carriat, « François Ruffin : "On ne doit pas devenir la gauche des métropoles contre la droite et l'extrême droite des bourgs et des champs" », *Lemonde.fr*, 22 juin 2022.
2. Interview de François Ruffin dans *Le Nouvel Obs*, « Un désaccord électoral et moral s'est creusé avec Jean-Luc Mélenchon », 11 septembre 2024.

II

Les querelles identitaires : le temps des ruptures

Nous avons replacé la généalogie contemporaine du renouveau républicain qui se cristallise progressivement à gauche tout au long des quinze dernières années. Ses racines sont à replacer dans le cadre d'une interrogation identitaire sur le rapport des gauches aux classes populaires. Celle-là, nous l'avons vu, a pu déboucher sur une proposition politique articulée autour de la valorisation du « commun républicain » par opposition à une politique des identités (de l'anglais « *Identity politics* »). Mais alors que la reconquête de l'électorat populaire motive encore les interrogations sur « l'économisme » au début de la décennie, l'année 2015 marque un tournant en tant qu'elle accélère et intensifie les différends. Ainsi, pour une partie de la gauche, l'adversaire du « commun républicain » n'est plus tant la dislocation du lien entre les gauches et les classes populaires, mais l'islamisme, adversaire-type d'une laïcité « à la française » et de l'universalisme républicain. De même, les tenants de l'investissement des sujets post-matérialistes vont sensiblement réorienter le curseur. Là où la gauche s'interrogeait principalement sur la manière avec laquelle parler ordre et sécurité publique, la querelle qui s'ouvre autour de la laïcité va minorer ce registre. Le traumatisme des mois de janvier et novembre 2015 installe la laïcité et l'idée d'universel comme pierres angulaires d'un renouveau républicain, mais aussi comme sujets suscitant très vite de puissantes tensions.

Les débats seront larges et aux prises d'acteurs pluriels. Notre approche ne garantit pas l'exhaustivité parfaite. Pour rester fidèle à notre ambition initiale, celle d'adopter une grille de lecture qui soit celle du débat d'idées, nous nous appuierons sur quelques cas les plus représentatifs des différentes positions et sensibilités. Il ne s'agit évidemment pas de leur attribuer plus d'importance que la réalité leur a conférée, mais de retenir ces cas en tant qu'ils permettent de fixer quelques coordonnées idéologiques nécessaires à notre étude.

Le rapport à l'électorat populaire a ainsi constitué le point de jonction entre les deux approches que nous avons distinguées. Si nous avons retracé, dans l'histoire politique ultra-contemporaine, les « origines socialistes » de cette initiative, ses outils et éléments de discours vont être progressivement le cadre d'une mutation de fond. Celle-ci est évidemment très progressive et nous ne saurions surinterpréter les micro-moments : la seule manière de bien saisir ces mutations est de parvenir à prendre la hauteur nécessaire pour agrandir l'échelle. Si nous avons collectivement tendance à amalgamer l'ensemble de ces enjeux sous le terme de « questions identitaires », nous choisirons de distinguer deux enjeux qui ont partie liée, mais qui ne se recouvrent pas entièrement : la laïcité dans un premier temps, le rapport à l'universalisme dans un second temps.

Paradoxal dans ses enseignements, le quinquennat de François Hollande est à la fois celui de retour des querelles et oppositions traditionnelles dans l'histoire de la gauche au pouvoir et celui de l'explosion de fractures plus originales.

Nous l'avons évoqué, si les traditions socialiste et républicaine ne cessent de dialoguer, l'année 2015 est un moment où s'accélèrent et se cristallisent les querelles d'idées, à gauche et au-delà. La question sociale, toujours présente, s'y trouve reléguée dans sa capacité à structurer les clivages internes aux gauches. La violence islamiste qui s'exerce sur le territoire hexagonal en 2015 entraîne l'importation de la question identitaire à gauche et sa traduction dans sa propre histoire. C'est alors assez naturellement autour de la laïcité que les débats vont se structurer. Les origines de cette explosion des conflits ayant trait aux questions identitaires, situation qui s'apparente à une « revanche superstructurelle », sont plurielles.

Elles prennent place dans un écosystème progressiste qui fait, depuis les années 1970 et 1980, la part belle aux enjeux post-matérialistes. Si la décennie 1970-1980 est celle des premières mutations et fait office de laboratoire doctrinal à celle qui suivra[1], les années 1980 sont celles où la gauche au pouvoir se réinterroge sur son rapport aux identités collectives, la nation et la République en tête. À la recherche d'un récit culturel qui lie culture et identité nationale[2], ce moment sera celui d'un « retour républicain » correspondant au réinvestissement par des intellectuels, pour beaucoup venus de la gauche, de l'idée républicaine. Pour un retour sur ces questions et la genèse de ce que nous allons aborder dans une perspective hyper-contemporaine, nous renvoyons aux

1. Nous étions revenus sur ce point pour la Fondation Jean-Jaurès, « La gauche, les travailleurs immigrés et la question sociale : retour historique », mars 2021.

2. Voir ici le travail de Vincent Martigny, *Dire la France. Culture(s) et identités nationales (1981-1995)*, Paris, Presses de Sciences Po, 2016.

excellents travaux d'Émile Chabal, qui propose notamment de nommer cette mutation « néo-républicanisme » et revient sur les itinéraires de plusieurs intellectuels issus des rangs progressistes[1]. Notamment porté par des figures de la gauche politique et intellectuelle (Jean-Pierre Chevènement, Régis Debray, Jacques Julliard…), ce réinvestissement républicain, souhaitant à l'origine réconcilier socialisme et républicanisme patriotique, occupera une place centrale au sein de toute une frange de la gauche française.

Comme montré plus tôt, les origines de ces conflits structurants sont à replacer dans une méfiance vis-à-vis d'un « économisme » intrinsèque à l'idée socialiste. Si ces critiques ne sont pas nouvelles, Castoriadis par exemple les formulait déjà, leur réapparition dans un contexte de menace djihadiste les rend particulièrement inflammables. La période sera le théâtre d'une structuration des gauches non pas tant à partir des positions « officielles », c'est-à-dire programmatiques – elles sont souvent très proches s'agissant de ce registre –, mais dans les discours, la grammaire et l'incarnation médiatique de ces questions. Là encore, les clivages issus de cet agencement des gauches ne recouvrent que partiellement les autres. Faute de cohérence globale, les groupes ne sont pas transposables d'un terrain thématique à un autre (radicalité, rapport au travail, laïcité, souveraineté, Europe…).

Les débats contemporains à gauche ne peuvent être réduits aux questions identitaires. Néanmoins, dans les temps qui ont été ceux que la France a connus à partir de l'année 2015, nous

1. Voir Émile Chabal, *A Divided Republic. Nation, Sate and Citizenship in Contemporary France*, Cambridge, Cambridge University Press, 2016.

assumons de pondérer à la hausse les « questions identitaires » s'agissant de leur impact dans la structuration des débats, et donc des gauches.

1
Laïcités et libertés

La sortie de l'ère industrielle et l'évolution du rapport à la liberté individuelle qui a touché les sociétés occidentales ont entraîné différents bouleversements auxquels la France et son modèle, parfois bien étranger à ces nouvelles grilles de lecture, n'ont pas échappé. La gauche non plus. Dans les premiers rangs de ces évolutions se trouve sans doute la question de la laïcité. Plus précisément, c'est autour de sa définition de la laïcité que le débat va se tenir et que les luttes d'interprétation seront les plus profondes. Pour reprendre les mots du philosophe Jean-Yves Pranchère, cette définition « oscille entre plusieurs pôles » et « ne reçoit pas le même sens selon qu'on lui donne pour centre de gravité l'égalité des libertés de conscience, ou la séparation des Églises et de l'État, ou la mise en place d'institutions formatrices d'une raison publique sécularisée »[1].

Permettons-nous un bref rappel des « moments » de l'histoire contemporaine de la politique française qui ont mis la laïcité au cœur des débats :

– l'affaire de Creil, en 1989, constitue la première alerte des dissonances qui vont structurer en profondeur les

1. Jean-Yves Pranchère, « Comprendre la “laïcité à la française”: malentendus, mythes et réalités », *The Tocqueville Review*, vol XLIV, n° 2, 2023.

clivages. Plutôt que de revenir sur le contenu de l'affaire, cela a déjà été largement couvert[1], c'est davantage le rapport d'une partie au moins des intellectuels proches de la « deuxième gauche » à la laïcité qu'il est important de souligner. Une précision doit tout de suite être apportée : loin d'être homogène, les apôtres de cette « nouvelle culture politique », pour reprendre les mots de Pierre Rosanvallon et Patrick Viveret, entretiendront un rapport ambivalent à la laïcité. En témoigne l'échange entre Michel Rocard et Paul Ricœur, dans le numéro du mois de janvier de la revue *Esprit*. Ricœur, inspiré par une approche personnaliste, charge alors l'école républicaine au nom d'une autonomie non plus assurée *par* mais *à l'égard de* l'État, attribuant au dernier et à la laïcité républicaine la responsabilité d'une société « aseptisée » :

> Mais l'école est aussi un bon exemple des travers propres à la laïcité à la française, elle en fait aussi dans la mesure où l'on considère que son rôle est de projeter sur la société civile ou la conception que son rôle est de projeter sur la société civile la conception de la laïcité que nous avons attribuée à l'État. D'où le fait qu'on a un enseignement très aseptisé : on ne parlera pas à l'école de religion, sauf très marginalement à travers de la littérature ou l'histoire, etc. L'école est un foyer de totale neutralisation des convictions. On ne doit pas alors s'étonner de trouver comme résultat une société sans conviction, sans dynamisme propre qui va tout demander à l'État, c'est-à-dire qui va tout vous demander à vous, les politiques[2].

1. Voir par exemple Ismaïl Ferhat, *Les foulards de la discorde*, La Tour-d'Aigues/Paris, l'Aube/Fondation Jean-Jaurès, 2019.
2. Entretien croisé entre Michel Rocard et Paul Ricœur, *Esprit*, janvier 1991.

Face à cette lecture de la question laïque empreinte d'une importante référence libérale, Rocard reconnaît la spécificité du modèle français. Ainsi, la question scolaire et la conception républicaine de la liberté se démarquent-elles de sociétés où la religiosité est plus facilement acceptée dans l'espace public. Mais deux années après l'affaire de Creil, il salue, contre Ricœur, l'importance du choix qu'a fait la France de concevoir l'école comme un terrain d'exception :

> Je distinguerais pour ma part non pas les deux zones que vous avez décrites, mais trois : tout d'abord, la laïcité neutre et organisatrice d'acceptation de l'autre qui est celle de l'État ; ensuite, celle que vous baptisez laïcité de confrontation et qui correspond au fond à un droit d'affirmer des convictions à égale dignité avec les voisins dans une même société ; enfin, une troisième zone qui est celle de l'école, cette institution qui n'est pas par hasard au centre de nombre de nos difficultés est un fantastique révélateur des passions françaises.
>
> Pourquoi proposer de considérer spécifiquement cette troisième zone, à savoir le domaine de l'éducation scolaire ? L'école est à l'articulation de la société et de l'État, et donc des autres laïcités. Dans les sociétés anglo-saxonnes, on accepte que chacune des communautés composant la société globale projette ses propres valeurs particulières, religieuses ou autre, sur le système scolaire et plus généralement sur la législation civile. La société française a fait un choix historique différent, en conférant à son système scolaire, à travers une compréhension plus offensive de la laïcité, la vocation à produire une homogénéité sociale, c'est-à-dire l'acceptation commune des règles du jeu touchant la vie civile. Cet héritage me paraît très important, et devoir être maintenu, car c'est à long terme le seul facteur vrai de résolution des problèmes de minorités présentes sur le territoire national. Mais cela implique aussi que nous soyons capables de conjuguer les deux formes de régulation,

la régulation associative et contractuelle et la régulation hiérarchique, la société civile et l'État[1].

Ce rappel n'est pas gratuit. Il nous semble essentiel à deux égards. D'abord parce qu'il nous oblige à saisir la finesse du grain avec lequel nous avons à traiter : le rapport de la deuxième gauche à l'idée républicaine et au principe de la laïcité n'est pas aussi homogène qu'on le laisse parfois supposer. Si nous nous efforçons de schématiser pour organiser et cartographier les positions, la différence est parfois à chercher dans les détails et nous ne saurions être trop prudents sur des caricatures desquelles il faut se tenir à distance. Ensuite parce que la position de Rocard l'exonère d'un « impensé républicain » que l'on constate par ailleurs au sein de « sa » gauche. Une donnée essentielle pour situer les origines de la proposition réformiste-républicaine :

– la loi du 15 mars 2004 relative à l'interdiction des signes manifestant une appartenance religieuse dans les écoles, collèges et lycées publics constitue le premier grand moment laïque du début de siècle ;

– le quinquennat de Nicolas Sarkozy, de 2007 à 2012, est ambivalent sur la question : le président oscille entre une ligne méfiante voire hostile à la laïcité et investissement – certains diront travestissement – du principe de laïcité dans un dispositif identitaire. Nous dirons quelques mots des droites à la fin de notre travail ;

– le quinquennat de François Hollande est notamment celui de la montée en puissance de Manuel Valls comme Premier ministre, alors tenant d'un discours entièrement articulé autour de la question républicaine, et participera activement à structurer les gauches de manière large. Parfois avec

1. Entretien croisé entre Michel Rocard et Paul Ricœur, *op. cit.*

justesse, parfois plus artificiellement. Les polémiques se succéderont, donnant l'impression d'une hystérique laïque (nous ne reviendrons évidemment pas sur chacune, notre approche visant à identifier ce qu'il y a, in fine, de commun derrière les positions des acteurs). Étant moins l'affaire de discours qu'émanant de symboles, l'essentiel de ces débats peut être placé dans deux catégories : le registre lexical (marche de novembre 2019 « contre l'islamophobie » et de manière générale querelle sémantique autour du signifiant « islamophobie », polémique engendrée par le discours d'Henri Peña-Ruiz aux universités d'été LFI...) et le registre vestimentaire, ayant trait aux voiles islamiques (affaire des affiches de la FCPE, affaire « Mennel », affaire « Odoul »...). Bref, la laïcité entre à l'âge des « affaires ». Le dur du débat se fera d'ailleurs en dehors du strict domaine des partis, entre les mondes institutionnel (Observatoire de la laïcité), de la société civile (Coexister, Printemps républicain), intellectuel (universitaires, journalistes...) et politique. En cause, notamment : l'interprétation de la loi de 1905 et l'articulation entre les registres juridique et philosophique ;

– le premier quinquennat d'Emmanuel Macron : après un début de quinquennat marqué par la question sociale et la crise des Gilets jaunes, l'assassinat de Samuel Paty fait resurgir l'objet identitaire et la question laïque. Celle-ci sera principalement incarnée au gouvernement par Marlène Schiappa[1] et Jean-Michel Blanquer, ministre de l'Éducation nationale (2017-2022). Le début du second quinquennat d'Emmanuel Macron est à nouveau marqué de la question sociale (inflation,

1. Successivement secrétaire d'État chargée de l'égalité entre les femmes et les hommes et de la lutte contre les discriminations (2017-2020), ministre déléguée auprès du ministre de l'Intérieur (2020-2022) puis secrétaire d'État auprès d'Élisabeth Borne (2022-2023).

crise sociale et réforme des retraites). La laïcité revient sur le devant de la scène avec l'assassinat du professeur Dominique Bernard et la question des signes religieux ostentatoires à l'école publique. Gérald Darmanin, ministre de l'Intérieur, et Gabriel Attal, successivement ministre de l'Éducation nationale et Premier ministre, s'en saisissent. Si le regard d'Emmanuel Macron sur la question est ambivalent et évolue au gré des circonstances – nous y reviendrons –, la tonalité générale sera dans la ligne de celle défendue par Manuel Valls quelques années plus tôt.

Pour s'en tenir à la période qui retient notre intérêt, le débat sur la laïcité s'articule autour de trois grandes positions dans l'espace politique :

– la laïcité républicaine est menacée, et il convient d'en faire l'axe principal d'une position politique : l'argument est celui d'un accroissement des atteintes par des revendications « ascendantes » (de la société vers l'État) et non plus « descendantes » (de l'État vers la société). Il convient à ce titre de dépasser le « juridisme », approche insuffisante, et de redonner à la laïcité sa pleine dimension politique et philosophique, trop souvent réduite à la liberté religieuse et à la seule neutralité des agents publics[1] ;

– la laïcité menacée, le laïcisme menaçant : les atteintes à la laïcité sont reconnues et prises au sérieux, mais un autre danger doit être combattu, celui du dévoiement de la laïcité à but identitaire et nationaliste ;

– la laïcité-danger, menaçante : la laïcité « à la française » est ici considérée comme coercitive et attentatoire aux libertés

1. Relecture à laquelle appelle par exemple Laurent Bouvet dans *La nouvelle question laïque. Choisir la voie républicaine*, Paris, Flammarion, 2019.

individuelles. L'essentiel de ces critiques sont formulées au nom de la protection des minorités et contre la loi du 15 mars 2004.

Au cœur du brouillage des repères : démêler le nœud idéologique

Le « moment laïcité » dans laquelle la gauche est à nouveau entrée en 1989 et qui a explosé dans le courant des années 2010 couve une question vertigineuse, qui percute les repères traditionnellement installés à gauche. La question de la liberté individuelle, que le républicanisme et l'anti-totalitarisme s'étaient donné pour ambition de régler, réapparaît en force dans le débat d'idées, notamment sous la question du voile islamique. Nous proposons l'affirmation suivante : si le débat sur le port du voile en tant qu'il est ou un non un signe d'affirmation de sa foi dans l'espace public a à voir avec l'idée laïque, celui qui interroge le rapport du voile au féminisme a davantage trait à la question de la liberté individuelle. Nous pouvons distinguer trois positions ayant trait au port des signes religieux :

Première position : la position réclamant l'extension de la loi de mars 2004 et l'interdiction du voile et de l'ensemble des signes religieux dans l'intégralité de l'espace public. Cette position attentatoire aux libertés publiques est anti-laïque et antirépublicaine. Elle n'est pas défendue à gauche, mais principalement par Marine Le Pen, notamment lors de l'élection présidentielle de 2022 ;

Deuxième position : celle consistant à soutenir l'interdiction des signes religieux ostentatoires à l'école publique, et plus largement l'état du droit en vigueur en matière de visibilité des religions dans la sphère publique. Cette position est majoritaire dans les positions officielles de la majeure partie de la gauche politique même si les choses sont souvent moins évidentes dans les mots et les discours (nous le verrons en nous arrêtant sur la troisième position). Elle est défendue au nom de trois arguments :

– celui du républicanisme, d'abord. Au sein même de la position républicaine se tient un débat sur la validité ou non de la justification de la loi de 2004 au nom de la loi de 1905 alors même que cette dernière garantit la liberté religieuse[1], renvoyant aux juristes et aux techniciens la responsabilité d'arbitrage ;

– celui du matérialisme athée ;

– celui du féminisme.

Évidemment, cette distinction très théorique est parfois, en pratique, moins évidente à observer tant les arguments sont parfois indistinctement évoqués. Il n'en reste pas moins qu'ils sont au fondement des grandes critiques émises à l'égard des manifestations de la foi dans l'espace public. On trouve dans les rangs des tenants d'une « approbation républicaine » de la loi de 2004 l'essentiel des rangs socialistes. Cohabitant avec des critiques féroces du droit français sur lesquelles nous nous arrêterons, cette « approbation » de la loi de 2004 est encore invoquée au sein de franges appartenant à l'extrême gauche. En témoigne la position d'Arlette Laguiller (Lutte ouvrière), tenante sur une ligne à la fois matérialiste et universaliste :

1. Voir sur ce point les travaux de Cécile Laborde, notamment *Philosophie libérale de la religion*, Paris, Hermann, coll. « L'avocat du diable », 2023.

> Je défends les intérêts d'une classe ouvrière qui est composée de gens qui viennent de tous les pays ou de parents qui viennent de tous les pays. Pour moi, c'est une seule humanité, en tout cas, c'est une seule classe ouvrière et, d'ailleurs, quand il y a des mouvements dans les entreprises, tout cela disparaît car les travailleurs luttent ensemble, quelle que soit la couleur, le genre, la religion aussi. Finalement, la lutte de classes est la seule manière de réunir tout le monde en réalité dans la classe ouvrière[1].

Nathalie Arthaud, porte-parole de Lutte ouvrière (LO), fait part de réserves qu'elle formule quant à elle au nom du féminisme, à la suite de la publication par la FCPE, en septembre 2019, d'une affiche défendant le droit pour les mères portant le voile d'accompagner les élèves lors de sorties scolaires.

> Moi, je ne fais pas partie de ceux qui revendiquent le port du voile ou qui le banalisent. Parce que pour moi, ce n'est pas revendiquer une liberté parce que le voile, ce n'est pas une liberté, c'est d'abord une oppression, et c'est l'oppression de la femme. Ce n'est pas sur le terrain de la laïcité que je me bats. Je me bats pour le droit des femmes, pour le droit à leur émancipation, pour le droit à se débarrasser de ce statut toujours inférieur, je me bats pour que les femmes soient l'égal des hommes. Le voile est le symbole d'une tout autre chose, d'une soumission en réalité, d'une place de la femme soumise, qui doit se cacher[2].

Ces positions sont enfin partagées en 2005 par Daniel Bensaïd et la Ligue communiste révolutionnaire (LCR) pourtant opposés à la loi de mars 2004 :

1. Propos d'Arlette Laguiller, interrogée par Léa Salamé dans l'émission « Femmes puissantes » sur France Inter, 10 juillet 2021.
2. Nathalie Arthaud sur LCI, 25 septembre 2019.

> Nous avons condamné, pour notre part, la loi Chirac sur « les signes ostensibles » comme discriminatoire. Nous n'avons pas renoncé pour autant à voir dans le port du voile un signe d'oppression des femmes. Il y a, à gauche, un débat parfaitement légitime à propos de questions comme la laïcité et sur la signification du voile présenté comme traduction d'une injonction religieuse. [...] Peut-on accepter, au nom d'une culpabilité « postcoloniale », de qualifier de féministe un « féminisme islamique » qui mêle les notions d'« être féminin », de « complémentarité » des sexes, de défense de la famille comme base indestructible de la société ? Pris du point de vue de celles qui le portent, le voile revêt de multiples significations, selon que cela découle de la pression de l'environnement ou d'un choix personnel réfléchi. En même temps, la signification sexiste attachée au port du voile ne fait aucun doute. Symboliquement, puisqu'il est toujours revendiqué au nom de la séparation des sexes et de la « pudeur » assumée par les femmes. Mais surtout pratiquement, puisque ces symboles trouvent leur concrétisation dans l'obsession de la virginité, et la division sexuelle figée et inégalitaire des rôles sociaux (la maman ou la putain)[1].

Enfin, une troisième position, critique du contenu de la loi de mars 2004 et plus généralement d'une laïcité dite « à la française ». Il y a ici opposition à la loi de 2004 en ce qu'elle porterait atteinte à la liberté individuelle, au respect des croyances et/ou aux droits des femmes. Cette critique s'émettrait donc à plusieurs niveaux : celui de la protection des droits individuels et des libertés publiques, celui du féminisme, celui du respect des croyances. Arrêtons-nous sur chacune d'entre elles.

1. Daniel Bensaïd, Samuel Joshua et Roseline Vachetta, « Quand la raison s'affole », tribune publiée dans *Libération.fr*, 21 mars 2005.

La formulation d'une critique de la laïcité à la française au nom des droits des minorités et des libertés semble théoriquement tout à fait acceptable en ce qu'elle se formule au nom de la sacralité des droits individuels devant être protégés de la toute-puissance de l'État. Difficilement formulable au nom de la démocratie, c'est en réalité une critique « libérale » du rapport de l'État en France aux religions. Il n'y a donc, semble-t-il, rien à redire d'une critique de la loi de 2004 formulée au nom du libéralisme : il est en revanche étonnant que cette critique ait pu être formulée par des acteurs se réclamant plus ou moins explicitement de la gauche voire du socialisme.

La validité d'une critique « féministe » du droit français en matière d'expression des convictions religieuses est autrement plus contestable. S'appuyant sur le concept de « fémonationalisme » développé par la sociologue britannique Sara R. Farris, cette critique entend dénoncer la récupération du féminisme dans un agenda antiféministe, xénophobe et nationaliste. Il faut être clair : l'investissement opportuniste du féminisme par des forces réactionnaires est une réalité. Pour autant, cela n'invalide en rien la solidité d'une critique féministe des conservatismes religieux et ne rend pas plus valide le caractère prétendument « progressiste » de leur réhabilitation. Si la loi de 2004 relative au port de signes religieux ostensibles interdit de facto aux jeunes filles portant le voile de pénétrer dans l'enceinte des collèges et lycées publics, elle formule ces exigences à l'égard de l'ensemble des signes religieux pour peu qu'ils soient ostentatoires. Dès lors, s'il advient que les jeunes filles sont les plus concernées par cette loi du point de vue quantitatif, la responsabilité est entièrement imputable à la religion qui en est à l'origine (qu'il s'agisse d'une coutume ou d'une prescription n'est ici aucunement le sujet) et aucunement à la loi qui s'applique comme principe et non comme mesure relative et à géométrie variable. Cette position est défendue, nous l'avons souligné, par toute une frange de la gauche française, politique comme intellectuelle[1] et divise même au sein des franges radicales de la gauche issues du trotskisme: lutte ouvrière d'un côté, le Nouveau parti anticapitaliste ou Révolution permanente de l'autre[2]. Le simple rappel de l'existence de pays asservissant et humiliant les femmes qui refusent de se couvrir la tête invalide en lui-même la possibilité de soutenir le port du voile au nom du féminisme. De sorte que, là aussi, c'est non pas en son nom, mais en celui du libéralisme que la revendication inconditionnelle et illimitée du port du hibaj devrait être formulée. Une partie de la gauche, face à la difficulté d'assumer une doctrine honnie sur le plan économique, se réfugie dans un registre qui lui est assurément plus confortable : celui de l'argument féministe. Pourtant, ce n'est pas la dignité des femmes qui doit être invoquée, mais le primat des droits individuels assumé de bout en bout, pour le meilleur et pour le pire.

Ces critiques s'adossent enfin à une critique de l'irrévérence propre à la laïcité à la française qui se formule au nom de la tolérance, du respect des croyances et de la sensibilité de l'autre. Si l'ampleur de la tuerie de Charlie-Hebdo contient évidemment les réactions à gauche, les choses ne furent pas aussi simples à la suite de la dite « affaire Mila », du nom de l'adolescente qui tint des propos virulents sur les réseaux sociaux envers l'Islam au mois de janvier 2020. La question posée était pourtant la même dans les deux cas. Ainsi, Fabien

1. En complément des positions de Nathalie Arthaud que nous avons rappelées, voir la tribune de Corinne Narassiguin dans *Le Monde.fr*, « Défendre le droit de porter le voile n'est pas un combat féministe », 18 octobre 2022

2. Voir Anasse Kazib, « Polémique FCPE: Lutte ouvrière dans la surenchère contre le voile », Révolution permanente, 27 septembre 2019.

Roussel qualifiera les propos tenus par la jeune Mila « d'injurieux ». Ségolène Royal pointera quant à elle le « manque de respect » de la jeune fille qu'elle ne soutient « absolument pas » et la ministre de la Justice Nicole Belloubet assimilera la critique de la religion à une « grave atteinte à la liberté de conscience » avant de reconnaître une maladresse. De la même manière qu'une partie de la droite réactionnaire la plus cohérente regarde d'un œil bienveillant le retour à la tradition portée par l'orthopraxie religieuse[1], une partie de la gauche aligne elle aussi sa nouvelle bienveillance à l'égard des traditions conservatrices orientales sur le catholicisme. S'alignant sans le vouloir sur les critiques conservatrices qui qualifièrent la très irrévérencieuse et très universaliste cérémonie d'ouverture des Jeux olympiques de Paris 2024, Jean-Luc Mélenchon se désolera de la « moquerie sur la Cène chrétienne » et se demandera « à quoi bon blesser les croyants ? ». Un débat récurrent depuis l'attentat contre Charlie-Hebdo et l'assassinat de Samuel Paty, qui a trait à la liberté de caricaturer, le rapport à la pédagogie et la « liberté d'offenser[2] ». Si l'invocation de cet argument objectivement conservateur est moins surprenante lorsqu'elle est le fait de personnalités de droite, sa formulation par des voix issues des cercles progressistes devrait soulever d'importants questionnements sur la crise qu'ils font subir à leur héritage intellectuel.

Ces objections adressées à la législation en vigueur s'articulent par ailleurs souvent avec une critique « utilitariste », formulée au nom de l'inefficacité. L'interdiction du foulard serait par ailleurs contre-productive et deviendrait un vecteur

1. Voir notre sous-partie « Qu'est-ce qu'alors qu'une "gauche de droite" », p. 84.
2. Voir sur ce point l'excellent texte de Charles Girard, « Pourquoi a-t-on le droit d'offenser ? », *La vie des idées.fr*, décembre 2020.

d'alimentation. À titre d'exemple, cet argument est avancé dans le champ académique par Jean-Fabien Spitz et dans le champ politique par Sandrine Rousseau :

> Le voile, la burqa sont des vêtements sexistes. Par contre, jamais une émancipation n'est obtenue par l'interdiction d'un vêtement. Il faut leur laisser faire ce chemin seules, c'est à elles de faire ce chemin[1].

Nous reviendrons plus bas sur ce que recouvrent les propos de Sandrine Rousseau. Cette position s'articule intimement avec l'évocation d'un argument censément de « bon sens ». Sans même s'arrêter sur le caractère destructeur que recouvre l'invocation du bon sens – argument proprement antipolitique –, la formulation de cette critique interpelle. La matrice argumentative de cette position est la suivante : elle propose la prise en compte du contexte (social, juridique, politique, économique…) conduisant à apprécier différemment un même état de fait selon les situations. De sorte qu'un même objet, même lorsqu'il relève du domaine religieux, prendra des significations différentes selon le contexte dans lequel il est inséré. Il serait donc « de bon sens » de constater que le port du foulard islamique ne recouvre pas la même signification selon les situations.

Le paradoxe est que cette position qui met en avant la différence des contextes s'articule intimement avec une autre qui entend au contraire souligner la similarité des situations en les assimilant. Celle-ci entend placer un signe équivalent entre les situations iranienne et française, au motif que les deux entendraient, de manière équivalente, « contrôler le corps des

1. Sandrine Rousseau alors candidate à la primaire EELV pour l'élection présidentielle 2022, Europe 1, 1er septembre 2022.

femmes ». Cette proposition entend donc aplatir deux situations présentées comme similaires :

– l'obligation du port du voile au nom de l'application d'une loi hétéronome, religieuse et transcendantale ;

– l'interdiction du port du voile de l'autre, sans que soient précisées les conditions de cette interdiction, par ceux-là mêmes qui prennent pourtant le soin de rappeler les contextes dans lesquels ces législations s'exercent. L'argument peut être résumé dans l'adage « ni obligation, ni interdiction ». Il entend ainsi placer un signe égal entre les revendications de femmes françaises à porter le voile et celui des femmes iraniennes à s'en libérer, associant – ou feignant d'associer – la position française à la loi *Kashf-e hijab* (« dévoilement »). Cette loi iranienne, entrée en vigueur en janvier 1936 et appelée « loi de libération des femmes iraniennes » avait cru bon de libérer par l'interdiction brutale, pure et simple du port des voiles de cette société iranienne. Parce qu'elle ne tenait pas compte de l'état d'alors de cette société et du phénomène d'intériorisation de ce symbole patriarcal, ce moment de l'histoire de l'Iran est considéré comme un échec.

L'argument de l'équivalence, qui se déploie massivement à partir des soulèvements qui ont lieu en Iran en 2022, semble ainsi se heurter à trois écueils :

– le premier relève du registre juridique : si l'obligation du port du foulard en Iran concerne la totalité de la sphère « publique » (la rue, les parcs, les transports…), son interdiction en France est limitée et encadrée par la loi dont l'État républicain veille au respect (agents publics, école publique). La relation d'équivalence est ainsi invalide du point de vue de l'état du droit, elle ne résiste pas à l'examen, même sommaire, des conditions juridiques encadrant l'obligation d'un côté, l'interdiction de l'autre ;

– le second écueil est relatif à la nature originelle de ces interdictions : application d'une loi hétéronome sur les fondements de normes théologiques d'un côté, application d'une loi démocratiquement votée, dans une République laïque qui sépare le pouvoir politique du pouvoir religieux. En conséquence, la nature et le degré des sanctions encourues, parce qu'elles ont des fondements philosophiquement opposés, ne peuvent faire l'objet d'aucune comparaison ;

– le dernier écueil, plus difficile à cerner, relève donc du registre philosophique : il tient au rapport à la liberté.

Sous la querelle laïque, la difficile articulation de la liberté et de la responsabilité

La question de la liberté

Les termes du débat sont confus : l'argument « liberticide » peut être mobilisé par les deux camps. D'un côté pour contester la loi de 2004, en tant qu'elle serait attentatoire aux libertés. De l'autre, pour justifier la loi de 2004, considérant que le port de signes religieux ostentatoires constitue la véritable entrave à la liberté, empêchant le bon développement de la conscience des jeunes citoyennes et citoyens français. Notons par ailleurs que si cette justification peut en toute évidence être invoquée par ceux qui considèrent la loi de 2004 comme pleinement respectueuse du principe de laïcité, elle peut également l'être par ceux qui, tout en y étant favorables, contestent la validité de la loi de 2004 au regard du principe de liberté religieuse garanti par la loi de 1905. Ce n'est donc pas ici la validité de la loi de 2004 qui est en jeu mais le motif invoqué.

Se posent alors la question de la liberté et celle de la place de l'État. S'agissant du rapport à l'État, ce dernier est interrogé en tant qu'il est considéré dans le dispositif républicain non pas comme menace, mais comme garant de la liberté. Une conception « positive » de la liberté, conçue comme liberté de « non-domination », semblait pourtant être majoritairement partagée par la gauche socialiste, dans la lignée du solidarisme porté par Léon Bourgeois. Théorisée par Philip Pettit[1], la liberté de non-domination se pense contre une conception *négative* de la liberté (liberté libérale), qui définit la liberté comme absence d'interférence. D'inspiration ni socialiste, ni républicaine, mais libérale, c'est pourtant en son nom que la Ligue des droits de l'homme (LDH) s'opposera à la loi interdisant le port du voile intégral dans l'espace public (2010). La LDH épouse par ailleurs l'argument « utilitariste » de l'inefficacité de la démarche et, fait curieux, s'appuie sur le problème de la « servitude volontaire » pour justifier non pas une action, mais une inaction :

> L'argument principal, et tout à fait justifié sur le fond, contre le port du voile, c'est qu'il signale de manière radicale l'infériorisation des femmes. C'est bien le cas si le port du voile est imposé par le mari ou un autre homme de la famille. [...]
> Mais il peut s'agir aussi, comme l'attestent de nombreux témoignages, d'une servitude volontaire. Or la liberté ne s'impose jamais par la force ; elle résulte de l'éducation, des conditions sociales et d'un choix individuel ; on n'émancipe pas les gens malgré eux, on ne peut que leur offrir les conditions de leur émancipation. Pour faire progresser l'égalité et la mixité entre les hommes et les femmes, ce qui est urgent, c'est de promouvoir des politiques dans les domaines éducatifs, salariaux et professionnels, des droits sociaux, un meilleur accès à la santé et à la maîtrise de la procréation. Ces problèmes concernent des millions de femmes dans la France

1. Philip Pettit, *Républicanisme. Une théorie de la liberté et du gouvernement*, Paris, Gallimard, 2004.

> d'aujourd'hui et ne sont en rien traités de façon prioritaire. Un abcès de fixation sur quelques centaines de cas ne fait certainement pas avancer l'égalité, qui appelle au contraire à revenir à la solidarité entre toutes les femmes[1].

À l'inverse, une conception « républicaine » de la liberté entend refuser la non-interférence au nom des dominations présentes dans le monde social qu'une simple absence d'intervention ne peut enrôler. En pointant les insuffisances de cette conception, elle suggère une intervention visant à prévenir et corriger ces dominations.

Politiquement, et schématiquement, le théâtre classique d'affrontement était le suivant : le plus souvent, la droite s'attachait à préserver l'exercice de la volonté individuelle contre les interventions extérieures. En considérant qu'il ne revenait pas à la puissance publique de contrevenir à ce qui relevait de la volonté individuelle, elle garantissait l'indépendance de la sphère dite « privée » (qui se trouve souvent être celle des mœurs, où l'influence religieuse est encore tolérée). Ainsi en découlèrent des positions conservatrices s'agissant du divorce, de l'IVG, du mariage homosexuel, de la PMA, au nom d'une conception libérale, dite « négative » de la liberté : celle de l'absence d'interférence, de la mise à distance de l'État et du législateur. De son côté, la gauche socialiste plaidait pour une régulation étatique et sociale, la sociologie ayant fait un sort au mythe du sujet libre et souverain par nature, montrant que les choix sont en réalité largement conditionnés par des mécanismes de domination (économiques, de genre…). Le rapport que l'on retrouve chez certains à gauche sur la question des signes religieux et notamment du port du foulard met à mal

1. « Prise de position de la LDH dans le débat sur le voile intégral », *LDH.fr*, 21 mars 2010.

la cohérence intellectuelle d'un camp censément alerte quant aux évènements extérieurs qui influent et conditionnent les choix des individus.

Pourtant indissociables de la tradition socialiste et des apports de la sociologie, les cadres théoriques qui ont pensé les limites d'une conception libérale et responsabilisante de la liberté sont évacués. Ce basculement tellurique est profondément symptomatique du désordre des idées qui règne alors dans une partie du champ politique. Ainsi en est-il d'une justification libérale visant à s'opposer à la position dite « abolitionniste » en matière de prostitution au nom d'une définition de la liberté dont Jean-Jacques Rousseau pointait les limites :

> J'ai déjà dit ce que c'est que la liberté civile, à l'égard de l'égalité : il ne faut pas entendre par ce mot que les degrés de puissance et de richesse soient absolument les mêmes ; mais que, quant à la puissance, elle soit au-dessous de toute violence, et ne s'exerce jamais qu'en vertu du rang et des lois ; et, quant à la richesse, que nul citoyen ne soit assez opulent pour en pouvoir acheter un autre, et nul assez pauvre pour être contraint de se vendre[1].

La position critique vis-à-vis non seulement du caractère ostensible des signes religieux, mais des imaginaires d'inégalité et de domination qu'ils recouvrent a pu faire l'objet d'une récupération opportuniste par les rangs conservateurs. Bien heureuse de pouvoir s'appuyer sur des paroles de personnalités issues de la gauche dont le caractère polémique ne manque pas d'être relayé, la récupération conservatrice d'arguments devant tout à la tradition républicaine et rien à la tradition

1. Jean-Jacques Rousseau, *Du contrat social*, Amsterdam, Marc Michel Rey, 1762, p. 111-116.

conservatrice fut manifeste. Pour autant, l'idée progressiste n'est en rien affectée par cette récupération.

Nous avons donc évoqué les problèmes soulevés par cette conception indifférenciée de la liberté, que Descartes qualifiait de « plus bas degré de la liberté » (méditation quatrième), occultant le contenu des choix au motif que seule la volonté des individus qui les formulent les rendraient valides. Cette matrice d'argumentation apparaît pourtant profondément étrangère à quiconque se réclame de près ou de loin du socialisme. Revenons aux mots éloquents de Sandrine Rousseau cités plus tôt[1] : « Leur laisser faire ce chemin seules. C'est à elles de faire ce chemin. » Le marché en question ici est celui de la liberté, et la responsabilité de sa régulation est renvoyée aux acteurs eux-mêmes. C'est donc ici une conception intrinsèquement libérale de la liberté qui s'exprime, en renvoyant les individus – ici les femmes – à leur propre responsabilité et aux conséquences qui en résultent.

La question de la responsabilité

C'est aussi une divergence massive sur le sujet de la responsabilité que révèlent les querelles qui minent les gauches et leur rapport à la liberté. Une dernière fois, repartons des mots de Sandrine Rousseau et arrêtons-nous sur les problèmes théoriques que renferme la matrice d'argumentation utilisée. Ces mots sont clairs : « Jamais une émancipation n'est obtenue par l'interdiction d'un vêtement. Il faut faire ce chemin seul, c'est à elles de faire ce chemin. » Nous avons plus haut souligné les difficultés soulevées par l'argument « féministe », c'est donc moins cette grille de lecture que nous mettrons en avant. Par ces mots, Sandrine Rousseau renvoie la question du voile

1. Voir p. 101.

islamique à celle de la liberté individuelle, dans une démarche qui a tout à voir avec les traditions conservatrices (s'agissant du rapport aux signes religieux), tout avoir avec la tradition libérale (lorsque le choix est renvoyé à la responsabilité individuelle), mais qui partage très peu avec les traditions socialiste et républicaine.

Le cas des signes religieux n'épuise évidemment pas la question de la responsabilité, plus d'une fois soulevée ces dernières à gauche. Le cas des émeutes de juillet 2023 est à ce titre particulièrement éloquent. À la suite de la mort de Nahel Merzouk, tué par un policier le 27 juin 2023, des émeutes éclatent dans un certain nombre de banlieues françaises. Face à ce déchaînement de violence, les gauches se divisent non seulement entre les partis, mais parfois à l'intérieur même des formations partisanes. Ces divergences semblent recouper celles que nous évoquions plus tôt dans ce travail, sur le terreau « social » du terrorisme et les débats qu'avait soulevés la proposition de Manuel Valls selon laquelle « expliquer, c'est déjà vouloir un peu excuser ». Deux cas doivent selon nous être distingués.

D'un côté, la question du refus de l'appel au calme. N'est pas encore posée la question des explications, des excuses. Celle-là s'imposera dans un second temps. L'heure n'est ni au bilan ni à l'interprétation, la situation ne relève pas encore du débat quant aux solutions à mettre en place. C'est la question de la violence instantanée, qui se déchaîne au moment même où le débat se tient, qui prime alors. Le refus d'appeler au calme n'a dès lors rien à voir avec une quelconque position ayant trait à la responsabilité, sociale ou individuelle, qui a engendré la violence, et tout à voir avec une stratégie du chaos. C'est pourtant la solution choisie par une partie de la gauche au début du mois de juillet 2023. Première force politique de la gauche de son poids à l'Assemblée nationale, LFI se divise sur l'appel à l'arrêt des violences. Bien en peine, nous l'avons constaté plus tôt, de s'accorder sur une théorie politique consistante sur la question de la responsabilité individuelle, une partie de la gauche refuse d'appeler au calme quand une autre exige le rétablissement de l'ordre comme condition préalable aux discussions. Jean-Luc Mélenchon et d'autres personnalités, principalement issues d'une formation politique en prise avec une stratégie de radicalité, refusent ainsi l'appel au calme. Soit par le silence, soit explicitement, assimilant ceux qui soutiennent la position inverse à des « chiens de garde[1] ». Là encore, cette position se révèle contestée au sein même de la gauche de la gauche, Fabien Roussel voyant même derrière ce désaccord l'existence de « deux gauches, la sienne et la mienne[2] ». De quoi ajouter ce qu'il faut de complexité au débat sur les « deux cultures socialistes », pour reprendre le mot de Michel Rocard. Difficile, en effet, de voir dans celui opposant Fabien Roussel à Jean-Luc Mélenchon matière à recouper les critères d'opposition qu'avait alors soulevés Rocard : jacobine, centralisatrice, étatique, nationaliste et protectionniste pour l'une, décentralisatrice, régionaliste, libératrice pour l'autre.

De l'autre côté, le sujet de la responsabilité, plus classique puisque plus simplement encodable dans un clivage opposant la gauche et la droite. Le conflit est ici configuré autour du degré de responsabilité imputable à l'individu et plus généralement, s'agissant de l'ordre public, sur l'origine de la délinquance. Cette discussion recouvre celle que nous évoquions

1. Tweet de Jean-Luc Mélenchon, 28 juin 2023.
2. Sandrine Cassini, « À la NUPES, divisions à tous les étages », *Lemonde.fr*, 17 juillet 2023.

plus tôt sur « l'économisme ». Est ici en jeu la position qui consiste à rabattre ce qui relève de l'économique et du social sur ce qui relève du politique et de l'idéologie, position notamment portée au sein des gauches radicales et par la voix de Jean-Luc Mélenchon. Celui-ci analyse la situation comme relevant de la « responsabilité de tout le monde, et qui est le résultat d'une maltraitance sociale géante dans certains quartiers de notre pays et d'une maltraitance policière systématique à l'égard de certaines populations[1] ».

La proposition considérant les sujets politiques et l'idéologie comme solubles dans la question sociale en appelle ainsi une autre visant à la contredire, que défendront notamment le PS et le PCF. Celle-ci considère au contraire leur insolubilité dans la question sociale, et suppose l'autonomie du politique par rapport aux questions matérielles. C'est en fin de compte au refus de « l'explication sociale » donnée à la violence qu'elle appelle. Sans nier l'impact de la démission des services publics et de la précarité dans l'apparition de la violence, une partie de la gauche refuse cette association au motif qu'elle servirait de justification à la violence physique. Cette position était pourtant celle de Jean-Luc Mélenchon quelques années plus tôt :

> Quand j'étais un des dirigeants de la Gauche socialiste, je me rappelle une discussion à propos de la responsabilité individuelle. Deux écoles apparaissaient. L'une stipulait que la société étant responsable du sort qu'elle réserve à chacun, elle était responsable des mauvais comportements de chacun. Et ainsi, elle intervenait, d'une façon générale, comme circonstance atténuante. Dans ce cas-là, il fallait, en définitive, tout le temps mettre à nu ce qui, dans les

---

1. « Le calme ça se construit – En toute franchise », *Mélenchon.fr*, 2 juillet 2023.

> comportements délictueux, résultait du conditionnement de la société. Pour ma part, je plaidais pour un principe de responsabilité personnelle intégrale. L'expérience de la vie m'a confirmé dans mon choix. C'est devenu ma manière de penser. Si la misère ou la difficulté excuse ou annule les exigences morales, alors, comme la plupart des êtres humains sont absolument et radicalement maltraités par les sociétés auxquelles ils appartiennent, tous les pauvres devraient être des bandits. Ce qui n'est naturellement pas le cas. Et si n'est pas le cas, c'est parce que la majorité des êtres humains essaye de s'astreindre à des règles de vie dont ils pensent qu'elles rendent possible la vie commune. Exempter qui que ce soit de sa responsabilité, c'est nier son humanité[1].

C'est aussi – à titre d'exemple et de manière plus attendue – la position tenue par Gérald Darmanin, alors ministre de l'Intérieur :

> La question de l'intégration et de la réussite de l'assimilation est intéressante, mais la poser en termes uniquement identitaires serait trop simpliste. L'explication sociale est-elle plus satisfaisante ? Je ne le crois pas non plus, car elle constitue une insulte envers toutes les familles modestes qui travaillent et respectent l'ordre. La précarité ne pousse pas toujours à attaquer des bibliothèques, des centres communaux d'action sociale (CCAS) ou des bureaux de poste. [...] J'ai toujours combattu les discours qui consistaient à dire que certains individus étaient intrinsèquement, dans leur essence même, prédéterminés, discours qui rendent difficile à comprendre l'engagement de certains de ces individus dans l'armée ou la police françaises. Je rencontre beaucoup d'enfants issus de l'immigration au sein de la police nationale, de la BRI, de la gendarmerie nationale, des forces armées. La réponse à nos questions s'appuie sur plus

1. Jean-Luc Mélenchon avec Cécile Amar, *De la vertu*, Paris, Pluriel, 2017, p. 14-15.

d'intégration, plus d'action de la République pour les aider à s'intégrer, plus de responsabilisation individuelle, et non pas sur un déterminisme ethnique et social[1].

La redistribution des coordonnées politiques

La situation des gauches, notamment radicales, est particulièrement intéressante. Elles sont en effet triplement divisées sur les questions de laïcité entre indifférence, soutien et critique : indifférence à ces enjeux associés aux superstructures et considérés comme non-sujets, soutien des lois françaises relatives à la laïcité, critique du rapport de la France et de l'État républicain aux religions.

L'ensemble de ces mutations affecte ainsi à la fois les positions de fond traditionnellement défendues par la droite comme par la gauche, mais aussi les repères idéologiques et le vocabulaire du sens commun. Cette confusion s'organise à deux niveaux, liés l'un à l'autre :

– le premier niveau concerne le champ politique en général et le déplacement de la capacité du « marqueur laïcité » à identifier et structurer les forces politiques. La laïcité renvoyait à une proposition politique moderne autour de l'autonomie du sujet et de la liberté de sa conscience, d'abord défendue par les forces progressistes. Si le contexte de naissance du combat laïque en France est indissociable de la lutte contre l'empreinte du catholicisme dans la société française, l'idée laïque ne lui est nullement réductible. De sorte qu'aucun argument valable du point de vue des principes – celui de la stratégie électorale en étant exclu – ne semble pouvoir

1. « Déclaration de M. Gérald Darmanin, ministre de l'Intérieur et des Outre-mer, sur les émeutes survenues depuis le 27 juin 2023, au Sénat le 5 juillet 2023, *Vie publique.fr*, 5 juillet 2023.

justifier une différence de traitement, dans un sens comme dans l'autre, entre différentes religions ;

– le second niveau concerne le désordre interne à la gauche. Le combat laïque ayant longtemps été un marqueur d'une gauche « radicale » contre une gauche plus empreinte de libéralisme économique et culturel, c'est aux forces les plus à gauche que devraient renvoyer les positions les plus radicalement laïques (entendre les plus « séparatistes »). C'est pourtant à « l'aile droite » ou aux forces les plus modérées que sont le plus souvent assignées ces positions.

En matière de relation au principe de laïcité, les années 2010 sont le terrain d'un nouvel agencement, celui du retournement du schéma qui indexait l'affiliation politique sur la position idéologique. Plus la position était « séparatiste », au sens de la séparation des Églises et de l'État et plus globalement du religieux et de l'espace public, plus elle tendait à la gauche de la gauche. A contrario, plus la position était « souple », en faveur d'un dialogue entre les clergés et l'État, plus elle tendait à droite. Il suffit d'observer sommairement le regard de l'opinion sur la situation actuelle pour constater l'étendue du décalage qui s'est opéré et le renversement du raisonnement qui a désormais gagné les imaginaires. Pour le sens commun et dans le débat public, la proposition d'une séparation « rigide » est assimilée à la droite et celle d'un assouplissement à la gauche. Ainsi, cette dernière se trouve-t-elle assignée à défendre une position d'accommodement vis-à-vis des religions (peu importe laquelle, une position de principe interdisant de trier parmi les idées conservatrices). Plus le curseur sera décalé à gauche, plus la position gagnera en modération et en assouplissement de la proposition « séparatiste ». En conséquence, si l'on suit cette nouvelle et ubuesque répartition des rôles, la frange la plus radicale de la gauche est tenue de défendre les positions les plus modérées ou accommodantes vis-à-vis des conservatismes religieux. Par un curieux renversement des choses, la radicalité est alors associée à la modération : la gauche radicale est assimilée à la défense d'une position modérée (séparation assouplie) et la gauche modérée à celle de la position radicale (séparation renforcée). À tel point qu'il n'est plus guère étonnant pour l'oreille commune d'entendre des responsables politiques ou journalistes explicitement conservateurs se déclarer en faveur d'une « laïcité intransigeante[1] », situation inimaginable au début du siècle dernier. Une position par ailleurs inconciliable avec la volonté d'inscription des « racines chrétiennes de la France » pour « figer notre culture, notre identité, notre mémoire »[2].

La pénétration de ces nouvelles coordonnées dans l'écosystème médiatique progressiste est telle que l'invocation de positions « traditionnelles » au sein de formations appartenant à la gauche radicale ne manque jamais de faire réagir. En témoignent les réactions suscitées par les propos de Nathalie Arthaud que nous retranscrivons ici :

> Question : Vous estimez, comme une partie des féministes, que le voile est une oppression et un symbole de soumission. Qu'est-ce que vous dites à une femme musulmane qui pourrait partager vos idées sur la lutte des travailleurs, mais qui serait choquée par ces propos ?

1. Voir Éric Ciotti, *Autorité*, Paris, Du moment, coll. « Le Poche du moment », 2016 ou Alexandre Devecchio, « Je suis pour une application stricte de la laïcité », CNews ; <https://www.dailymotion.com/video/x8g83tu.>, 10 décembre 2022.
2. Pierre Breteau, Alexandre Pouchard et Samuel Laurent, « L'inscription dans la Constitution, une proposition régulièrement dégainée par les politiques », *Lemonde.fr*, 26 juin 2018.

> Réponse de Nathalie Arthaud: Je lui dis: on est dans le même camp. On fait partie du monde du travail. On a en effet un ordre social à changer, on a un grand patronat contre lequel combattre. Donc je lui dis: on se bat ensemble [...]. Lutte ouvrière, c'est un rassemblement de militants révolutionnaires, communistes. Nous, on pense que, comme Marx, la religion joue un rôle de résignation en réalité. Je respecterai ses croyances, et elle, elle respectera mes convictions communistes, révolutionnaires et athées. [...] Notre parti rassemble des militants qui sont convaincus, il y a un socle, une base commune qu'on partage, et cette base commune, c'est l'athéisme. Cela veut dire qu'on se sent libre, complètement libre de nos choix. Et qu'on ne se sent pas guidés par une croyance en Dieu ou de quelque sorte. Et qu'on pense que l'homme est maître de son destin. Ça, ça va de pair avec le fondement et la base communiste[1].

La lecture du discours de Nathalie Arthaud par la journaliste est symbolique: en lui rétorquant « Vous pensez qu'une femme qui porte un voile aujourd'hui en France n'est pas libre de son choix ? », la journaliste déplace le débat et se livre à une erreur d'interprétation. Nathalie Arthaud ne sous-entend pas qu'une femme portant le voile n'est pas maîtresse de son destin. Son point n'est même pas là: cela serait discuter un élément de la « superstructure », une perte de temps pour une marxiste. Nathalie Arthaud souligne un état de fait: une femme qui porte le voile, comme n'importe quelle personne portant un signe religieux ostentatoire, fait état d'une religiosité qui indique explicitement sa croyance en l'existence d'une autorité surplombante et transcendantale et, mécaniquement, son assujettissement à cette autorité. Or ce comportement, aussi précieux qu'il soit du point de vue de

1. Interview de Nathalie Arthaud dans « À l'air libre » sur *Mediapart.fr*, 14 mars 2022.

la défense des libertés publiques et de la liberté religieuse, est incompatible avec les positions défendues par une organisation communiste.

Les critiques « de gauche » adressées à Nathalie Arthaud sont en réalité adressées à un propos sans originalité si l'on adhère à une lecture du monde inspirée par le matérialisme et les contraintes qui s'exercent sur l'autonomie du sujet – paradoxalement celle-là même au nom de laquelle les critiques sont formulées. Celles-ci conduisent à un constat limpide s'agissant du déplacement des coordonnées politiques. En effet, des positions historiquement conservatrices – en l'occurrence, les manifestations des traditions religieuses les plus opposées à l'égalité entre les femmes et les hommes – sont défendues par des militants appartenant au camp progressiste. Point majeur, cette défense se fait en toute honnêteté intellectuelle au nom de l'idée progressiste et d'une conception purement libérale de la liberté, sans que cela ne conduise à une quelconque interrogation susceptible d'entraîner une remise en question. Et cela même lorsque ces positions censément progressistes en viennent à être validées par d'autres parmi les plus conservatrices, voire réactionnaires qui puissent exister dans l'échiquier politique et idéologique[1]. Car s'il faut se garder de toute naïveté vis-à-vis de la récupération à des fins réactionnaires de certains des principes hérités du républicanisme et des

1. Les exemples sont nombreux : on peut penser aux louanges adressées à l'orthodoxie islamique au nom de la pudeur, du patriarcat ou de la lutte contre la décadence matérialiste de l'Occident, mais aussi aux origines intellectuelles ethno-différentialistes des pourfendeurs de « l'appropriation culturelle ». Nous y reviendrons succinctement à la fin de la deuxième partie de notre travail.

lumières[1], la proposition républicaine n'en ressort nullement affectée car elle n'en est nullement comptable.

Ce nouvel agencement a largement percolé les représentations propres aux jeunes générations. Cela rend d'autant plus difficile de prévenir sa perméabilité à ce qu'elle croit, de bonne foi, être une position progressiste, même quand il s'avère en réalité que le contenu du discours s'inscrit dans une tradition réactionnaire.

À sa décharge, l'apparition d'un républicanisme vidé de toute ambition populaire, sociale et morale, investi par toute une partie du champ politique participe du brouillard idéologique ambiant. À la suite des émeutes survenues au mois de juillet 2023 et de l'attentat contre Dominique Bernard s'ouvre une séquence que les gouvernements d'Élisabeth Borne puis de Gabriel Attal placent sous le signe de l'autorité, de la responsabilité et du « réarmement ». Cette séquence fut, nous semble-t-il, révélatrice des malentendus qui affectent la question républicaine. Là où une position authentiquement républicaine aurait consisté dans l'interdiction de l'Abaya et au rejet affirmé – dans le même temps – de l'uniforme, une forme de réflexe plus conservateur que républicain voit le jour. Dans la lignée des vues de Péguy, nous lisons dans cette séquence la volonté de substitution d'un catéchisme par un autre et en cela

1. À titre d'exemple : Julien Odoul, alors conseiller régional de Bourgogne-Franche-Comté et membre du RN, avait demandé en pleine séance à une accompagnatrice d'un groupe scolaire de retirer son voile au nom des « principes laïcs », des « principes républicains » et au nom « de toutes les femmes qui luttent dans le monde pour s'extirper de la dictature islamique ». Nous pouvons également penser à la récupération identitaire de la lutte contre l'antisémitisme.

une incompréhension profonde quant à ce qu'est la laïcité. La difficulté tient au type de déplacement à l'œuvre : il ne s'agit pas d'un changement de degré, qui entraînerait un simple décalage de la gauche vers la droite en matière de rapport à la laïcité. Il s'agit d'un changement « de nature » : il a trait aux positions de fond défendues par les acteurs politiques.

Si l'on s'en tenait à une stricte cohérence intellectuelle, les tenants de la liberté individuelle devraient donc se trouver du côté « droit » de la gauche. La confusion des repères frappe, là encore : c'est en fait l'aile censément la plus « à gauche » qui plaide pour davantage de liberté individuelle et l'aile la plus réformiste pour davantage de républicanisme et de liberté conditionnée.

Le « refuge républicain » du macronisme en quête d'identité

La proposition couramment appelée « néo-républicaine » va peu à peu se structurer autour d'un renvoi dos à dos non plus seulement des « identitaires de chaque bord », mais des extrêmes de chaque bord, à mesure que les positions de Jean-Luc Mélenchon vont gagner en radicalité. Ce sera le point d'achoppement principal d'une forme de républicanisme désocialisé et du macronisme. Cette alliance intellectuelle va profiter d'un terreau fertile : celui des atermoiements et hésitations honnêtes d'Emmanuel Macron sur les enjeux régaliens et sur la laïcité. S'agissant du domaine régalien, l'exemple de la déchéance de nationalité, d'abord inclut dans la loi « immigration » (2023) puis censurée par le Conseil constitutionnel au motif qu'il s'agissait d'un cavalier législatif, en est un exemple parlant. Quelques années avant la volonté d'introduction de cette mesure dans ladite loi « immigration », Emmanuel Macron faisait part de son « inconfort philosophique[1] » vis-à-vis de ce qui reviendrait à céder à une « faiblesse morale », une « faute politique », en plus d'être une « solution inefficace »[2]. Sur la laïcité, les choses sont encore plus complexes. Partagé entre la réalité de la violence djihadiste sur le territoire national à laquelle il est confronté dès 2020 et une éducation politique faite dans les classes du catholicisme social et d'une deuxième gauche qui ne font pas de la laïcité un sujet indiscutablement principiel, le président de la République envoie des signaux contradictoires. Le discours qu'il prononce au Collège des Bernardins au mois d'avril 2018 reste l'illustration la plus parlante de cette conception d'une société menacée par un déficit de spiritualité et de transcendance, société dans laquelle les religions – et en l'occurrence la religion catholique – doivent pleinement jouer leur rôle social :

> Or je crois que la politique, si décevante qu'elle ait pu être aux yeux de certains, si desséchante parfois aux yeux d'autres, a besoin de l'énergie des engagés, de votre énergie. Elle a besoin de l'énergie de ceux qui donnent du sens à l'action et qui placent en son cœur une forme d'espérance. Plus que jamais, l'action politique a besoin de ce que la philosophe Simone Weil appelait l'effectivité, c'est-à-dire cette capacité à faire exister dans le réel les principes fondamentaux qui structurent la vie morale, intellectuelle et dans le cas des croyances spirituelles. […] Je crois dans cet engagement politique qui permet de restaurer la première des dignités, celle de pouvoir vivre de son travail. Je crois dans cet engagement politique qui permet de redresser la dignité

1. Emmanuel Macron, 9 février 2016, rapporté par *Le Point*/AFP, « Déchéance de nationalité : Macron parle de son "inconfort philosophique" ».
2. Discours d'Emmanuel Macron alors candidat sur la « Lutte contre le terrorisme », 10 avril 2017.

> la plus fondamentale, la dignité des plus fragiles ; celle qui justement ne se résout à aucune fatalité sociale – et vous en avez été des exemples magnifiques tous les six à l'instant – et qui considère que faire œuvre politique et d'engagement politique, c'est aussi changer les pratiques là où on est de la société et son regard [...]. Et je suis convaincu que la sève catholique doit contribuer encore et toujours à faire vivre notre nation. C'est pour tenter de cerner cela que je suis ici ce soir. [...] C'est là que notre échange a toujours été le plus fécond : dans la crise, face à l'inconnu, face au risque, dans la conscience partagée du pas à franchir, du pari à tenter. Et c'est là que la nation s'est le plus souvent grandie de la sagesse de l'Église, car voilà des siècles et des millénaires que l'Église tente ses paris, et ose son risque. C'est par là qu'elle a enrichi la nation.

Le président de la République ne sera pas le seul à faire montre d'atermoiements en matière de positionnement sur la laïcité. Ainsi, son ministre de l'Intérieur Gérald Darmanin oscillera entre, d'un côté, accusation émise à l'égard de Marine Le Pen d'être « trop molle[1] » et publication d'un livre sous-titré *Manifeste pour la laïcité*[2] et, de l'autre côté, tonalité libérale et coexistentialiste s'agissant de la cérémonie de Hanoucca tenue à l'Élysée et des décisions de justice interdisant les crèches dans les mairies au motif que cela ferait partie de notre « vie culturelle[3] ».

1. Débat entre Gérald Darmanin et Marine Le Pen, « Vous avez la parole », France 2, 11 février 2021.
2. Gérald Darmanin, *Le Séparatisme islamiste. Manifeste pour la laïcité*, Paris, L'Observatoire, 2021.
3. Interview de Gérald Darmanin par Agathe Lambret, France Info, 8 décembre 2023.

La présidence d'Emmanuel Macron avançant, la proposition de renvoi dos à dos des « identitaires de tous les bords » va rencontrer un large écho auprès des tenants macroniens du dépassement du clivage gauche-droite. Comme mentionné plus haut, ce renvoi dos à dos des identitaires constitue un élément non pas matriciel car résiduel chez le candidat Emmanuel Macron, mais parfaitement encodable avec le dispositif macronien. Très éloignée du parler « start-up nation » et de la tonalité libérale qui avait marqué la campagne d'Emmanuel Macron en 2017, une importante grammaire républicaine est alors rapidement insufflée dans les rangs macroniens. Ainsi, les ministres Blanquer, Schiappa et Attal s'y adonneront notamment très largement. Côté parlementaire, ce cheminement est permis par le ralliement à En Marche dès 2016 de deux types de profils, les premiers étant parfois accusés d'avoir rejoint sur bien des aspects les seconds. La période qui nous intéresse revêt la particularité d'être celle de la formulation d'une accusation adressée à une partie des premiers d'avoir, au fond, rejoint sur bien des aspects les seconds.

La formation politique organisée autour d'Emmanuel Macron est d'abord constituée d'anciens membres du PS issus de ses rangs dits libéraux. Au sein de cette aile social-libérale cohabitent quelques personnalités également issues de la tendance réformiste-républicaine du PS : on compte quelques cas de députés titulaires ou suppléants élus sous l'étiquette En Marche en 2017. Venus de la gauche, sans être d'une offensivité systématiquement frappante envers l'enseignement privé ou le concordat en Alsace-Moselle, les tenants de cette ligne dite « laïque », « républicaine », parfois « vallsiste », accordent en tout cas une place centrale à la défense de la « défense de la laïcité », principalement invoquée contre la menace islamiste. La particularité du corps politique que créera le macronisme réside dans leur cohabitation, au sein de la majorité, avec d'anciens membres du PS issus des courants rocardien et jospinien (ayant, pour un certain nombre d'entre eux, accompagné Dominique Strauss-Kahn quelques années auparavant) dont l'engagement avant tout libéral-progressiste ne concevait jusqu'alors pas la laïcité comme une question politique de premier plan (Stanislas Guérini, Cédric O, Benjamin Griveaux...).

La formation politique organisée autour d'Emmanuel Macron est aussi constituée de profils issus des droites (essentiellement LR, ex-UMP) et qui ont rejoint les rangs partisans d'une laïcité dite républicaine qu'ils encodent, volontairement ou non, dans la tradition conservatrice : pas de mise en cause de l'enseignement privé, regards plus critiques vis-à-vis des mouvements sociaux relatifs aux droits des homosexuels etc. Les fondations branlantes de cette position, isolant l'idée laïque de la question sociale, en fragilisent donc la consistance. De sorte qu'elle est parfois résumée à une « catho-laïcité », dont les partisans sont qualifiés de « catho-laïcs[1] », qui ne réserveraient pas le même traitement de sévérité aux atteintes à la laïcité causées par la religion catholique qu'à ceux de la religion musulmane.

Pouvant compter sur des effectifs aussi hétérogènes que disciplinés, la proposition d'une lutte républicaine contre les « dérives identitaires » sera l'occasion pour un Emmanuel Macron confronté à la réalité de la violence djihadiste de se doter d'un semblant de doctrine sur la question laïque et plus largement sur celle de la République. En quête d'un discours ayant à cœur d'éviter l'accusatoin d'ambiguïté sur des sujets hautement inflammables, le macronisme va trouver dans l'adossement des identitarismes de gauche et de droite un positionnement en phase avec son emplacement sur le

1. Voir à ce sujet l'article de Jean-Yves Pranchère, « Catho laïcité », *Revue des deux mondes*, avril 2011, p. 109-132.

nuancier politique. Compte tenu de son positionnement politique – contre les extrêmes, de la mutation progressive de sa sociologie électorale et des attentes d'un public devenu électoralement cardinal – l'électorat sénior –, les gouvernements d'Emmanuel Macron vont s'appuyer sur l'idée popularisée par Manuel Valls selon laquelle les extrêmes partagent les mêmes vues s'agissant de la manière de concevoir les identités. Un diagnostic par ailleurs consistant à bien des égards, que l'on constate dans certains propos inconsciemment symétriques (« Arabe de service », « Français de papier »...). Les gouvernements des locataires de Matignon peuvent ainsi transposer et exploiter l'idée de la « tenaille identitaire » portée dans le débat public les années précédentes. Un registre pleinement épousé par les gouvernements d'Emmanuel Macron, acceléré par l'attentat ayant coûté la vie à Samuel Paty. Jean-Michel Blanquer dénoncera « l'islamogauchisme » et ses « ravages à l'université[1] » et Frédérique Vidal alors ministre de l'Enseignement supérieur et de la Recherche, la critique d'un « islamogauchisme qui gangrène la société dans son ensemble et [auquel] l'université n'est pas imperméable[2] ». Et de demander un « bilan de l'ensemble des recherches qui se déroulent dans notre pays ». Des propos qui susciteront l'ire du corps enseignant du supérieur y voyant une « intention dévastatrice » et un propos incohérent, qui souhaite protéger la liberté de la recherche en la contrôlant[3]. La tonalité donnée

1. Interview de Jean-Michel Blanquer par Sonia Mabrouk sur Europe 1, 22 octobre 2020.
2. Propos de Frédérique Vidal sur CNews le 14 février 2021 et à l'Assemblée nationale le 16 février 2021.
3. Tribune « "Islamo-gauchisme" : "Nous, universitaires et chercheurs, demandons avec force la démission de Frédérique Vidal" », *Lemonde.fr*, 20 février 2021.

devient alors offensive en jouant de symboles forts dans le débat public : suppression de l'Observatoire de la laïcité, organe considéré comme défendant une vision « libérale » de la laïcité, création d'un Conseil des sages de la laïcité présidé par Dominique Schnapper, discours d'Emmanuel Macron dit des « Mureaux » annonçant le contenu de la loi « confortant le respect des principes de la République », souhaitée et rédigée en réaction à l'attentat contre Samuel Paty :

> Le problème, ce n'est pas la laïcité. Je l'ai plusieurs fois rappelé, la laïcité en République française, c'est la liberté de croire ou de ne pas croire, la possibilité d'exercer son culte à partir du moment où l'ordre public est assuré. La laïcité, c'est la neutralité de l'État et en aucun cas l'effacement des religions dans la société dans l'espace public. La laïcité, c'est le ciment de la France unie. Si la spiritualité relève du domaine de chacun, la laïcité est notre affaire à tous. Et donc, les républicains sincères ne doivent jamais céder à ceux qui, au nom du principe de laïcité, tentent de susciter des divisions, des confrontations à partir de multiples sujets qui, bien souvent, sont l'essentiel de nos discussions, mais pas l'essentiel du problème. En la matière, nous avons des règles, il nous faut les faire respecter fermement et justement. Partout, sans concession[1].

Gilles Clavreul, à l'origine de la notion, refuse la réduction de l'expression de « tenaille identitaire » à une entreprise consistant à « habiller de neuf le poncif [...] qui voudrait que les extrêmes se rejoignent », se défendant d'avoir « voulu dire qu'ils se ressemblent, qu'ils disent la même chose ou qu'ils

1. Discours d'Emmanuel Macron sur le thème de la lutte contre les séparatismes, 2 octobre 2020.

représentent le même type de menace[1] ». C'est pourtant comme tel que le camp macronien va comprendre et investir la notion. Parfaitement encodable – à première vue seulement – dans le logiciel de dépassement des clivages par renvoi dos à dos des extrêmes, le renvoi des extrêmes à leur « identitarisme » va en définitive servir de socle intellectuel au macronisme et inspirera la loi dite « séparatismes » adoptée après l'attentat contre Samuel Paty. Dès 2023, actant la transformation de son socle électoral qu'il entend solidifier, le discours macronien va continuer sa mue et emprunter, sous couvert de républicanisme, des accents plus conservateurs autour de l'autorité, de l'uniforme, du « réarmement ».

Le recours hyperactif au champ lexical d'un républicanisme traditionnel devient alors un des marqueurs forts du discours gouvernemental autour d'une assimilation de la question républicaine à la seule laïcité et d'une réduction, dans le discours porté, de la laïcité à la question des signes religieux ostensibles. Le Printemps républicain, l'un des principaux promoteurs d'une lutte menée au nom du « commun républicain » contre les « identitarismes » et inscrivant son action dans l'histoire non seulement du progressisme, mais de la gauche, ne fera pas le choix d'une désolidarisation vis-à-vis d'un macronisme de plus en plus tourné vers LR. L'opération inverse va même se dérouler : porté par la promesse d'une présentation de candidats à la députation lors des élections législatives de 2022, l'association de promotion des valeurs républicaines apporte son soutien au président sortant le samedi 19 mars 2022 alors même que deux candidats, en les personnes d'Anne Hidalgo et Fabien Roussel, semblaient partager leurs vues républicaines. Comme un symbole d'un

1. Voir « "Tenaille identitaire" : la réponse de Gilles Clavreul à Alain Finkielkraut », *Figaro Vox.fr*, 29 avril 2021.

soutien mal calculé, le mouvement qui fait de la défense des principes de la République sa raison d'être apporte son soutien à la majorité présidentielle à l'issue d'une semaine où sont données des gages pour l'autonomie corse[1] et la conditionnalité du RSA[2].

Une étape qui entérinera les critiques adressées au mouvement s'agissant de l'évolution de son positionnement politique. L'un de ses fondateurs, Denis Maillard, reconnaît à ce titre quelques erreurs stratégiques qui ont participé aux critiques émises sur le positionnement du Printemps républicain. Celles-ci résideraient principalement dans la conjonction malvenue d'une gauche dite « républicaine, pro-européenne » et issue de la mouvance antitotalitaire, fraction que l'on a choisi de nommer « réformiste-républicaine », et d'une mouvance issue des rangs souverainistes ayant peu à peu dérivé sur le nuancier idéologique :

> Au fil du temps, le Printemps républicain est devenu une sorte « d'intégrateur négatif » permettant de rassembler sous un seul nom, une marque unique, tous ceux qui, de près ou de loin, évoquent la laïcité et la République et qu'il est donc facile de mettre dans un même sac et de critiquer sans s'embarrasser de nuances. Mais cette situation tient sans doute au fait que le Printemps républicain n'a pas assez maîtrisé son expression publique dès le départ – notamment sur les réseaux sociaux –, en ne mesurant pas bien ce qu'allait être son succès, ce qui s'est finalement retourné contre lui. Car ce que l'on n'a pas compris immédiatement, c'est que la laïcité a été longtemps incarnée par une gauche scrogneugneu, de culture verticale et souverainiste. Et dont certains éléments ont pu facilement

1. « En Corse, Gérald Darmanin prêche l'autonomie pour apaiser la colère de la rue », *Lemonde.fr*, 17 mars 2022.
2. « Emmanuel Macron, saison 2 : une promesse de changement dans la continuité », *Lemonde.fr*, 18 mars 2022.

> dériver vers l'extrême droite, d'Onfray à Zemmour en passant par le RN. Or, cette gauche-là, n'était pas la nôtre ; c'est ce qui a brouillé le combat du Printemps[1].

En son temps, le soutien de Manuel Valls à Emmanuel Macron avait déjà soulevé d'importances interrogations. Non pas tant au regard de la « trahison » souvent évoquée vis-à-vis de Benoît Hamon, vainqueur de la primaire socialiste, mais plutôt dans la mesure où le candidat Macron avait alors peu usé de la référence républicaine.

Nous nous sommes arrêtés sur les difficultés rencontrées par la consistance des arguments avancés par une partie de la gauche. Nous avons tenté de restituer quelques-uns des éléments qui, au cours d'une décennie mouvementée en termes de clivages idéologiques, a soulevé un brouillage des repères à deux niveaux. Au sein de forces de gauche – elles sont plurielles, nous l'avons vu – qui voient leur matérialisme perturbé par une sensibilité soudaine aux revendications religieuses. Au sein de forces progressistes, qui, dans leur défense bienvenue d'un universalisme passé de mode, mettent également en crise leur cohérence politique ancrée à gauche. Ainsi s'exposent-ils à l'accusation d'avoir cédé au piège identitaire contre lequel ils entendaient alerter, s'empêtrant machinalement dans les sables mouvants de l'identité.

1. Entretien avec Denis Maillard, septembre 2024.

2
Faire commun

Les quinze dernières années ont vu les clivages politiques se restructurer autour de la notion aussi consensuelle qu'inflammable d'universalisme. Partout invoqué, souvent partagé comme une fin mais contesté dans ses moyens, l'universalisme n'est jamais contesté depuis la position assumée et contraire qu'est le relativisme. C'est pourtant bien dans certains cas de cela dont il s'est agi. Pour reprendre les catégories proposées par Francis Wolff, deux types de relativisme sont à distinguer.

> Il y a deux types de relativisme. L'un constate : « Il n'y a pas de valeur universelle. » L'autre prescrit : « Aucune valeur ne doit se dire universelle. » Le premier porte sur ce que les êtres humains (ou les communautés) pensent ; l'autre porte sur ce qu'on devrait s'interdire de penser ou de faire. Selon le relativisme « de fait », toute valeur est particulière (à certains hommes ou certaines cultures), et aucune norme morale n'est admise universellement : c'est peut-être regrettable, mais c'est ainsi. Selon le relativisme « de droit », aucune valeur, aucune norme ne devrait prétendre à l'universalité : ce qui est déplorable, c'est que certains (entendez : l'Occident) tentent d'imposer aux autres leurs valeurs au nom de l'universel. Le relativiste « de fait » se veut réaliste : l'universel, il n'y

croit pas. Le relativiste de droit est un « esprit fort » : l'universel, il n'en est pas dupe[1].

Le premier constate qu'il n'existe point de valeur universelle ou « d'homme » en tant que tel, écrirait Joseph de Maistre. L'ensemble est résumé dans le célèbre mot de Joseph de Maistre contre l'homme universel :

> La Constitution de 1795, tout comme ses aînées, est faite pour l'homme. Or, il n'y a point d'homme dans le monde. J'ai vu, dans ma vie, des Français, des Italiens, des Russes, etc. ; je sais même, grâces à Montesquieu, qu'on peut être Persan : mais quant à l'homme, je déclare ne l'avoir rencontré de ma vie ; s'il existe, c'est bien à mon insu.

Le second, plus normatif, apparaît pourtant plus en phase avec des discours résiduels, mais dont le bouleversement qu'a représenté le 7 octobre 2023 et ses suites ont révélé la diffusion latente et la nécessité de prendre au sérieux la capacité d'infusion. Puisque cette forme de relativisme est celle que prennent le plus couramment les critiques de l'universel à gauche, c'est à son égard que les « universalistes » – au sens de ceux qui non seulement s'en revendiquent explicitement, mais en font un point central de leur discours et grammaire politiques – vont adresser leur propre critique.

Francis Wolff distingue ensuite plusieurs sous-catégories de critiques adressées à l'universalisme qui, parce qu'elles sont souvent discutées à l'intérieur de la gauche elle-même, interpellent, et n'ont à ce titre rien de « naturel » : l'universalisme serait formel, un obstacle à l'émancipation, serait faussement

1. Francis Wolff, *Plaidoyer pour l'universel*, Paris, Fayard, 2019, p. 23.

neutre, ne serait qu'un masque de l'intérêt du plus fort, tout universel serait particulier, il ne serait pas assez universel.

L'universalisme et les identités

Nous proposons une *summa divisio* sur le sujet en trois propositions : la critique de l'universalisme en tant qu'idéologie de l'universel, position relativiste ; la critique de l'universalisme dans les termes mêmes de l'universalisme ; et l'éloge d'un universalisme exempté de critiques substantielles.

La première position ne se formule ni comme critique d'une abstraction ni contre les dérives autoritaires d'un universalisme dit « de surplomb » mais bien contre l'idée universaliste en tant que telle. Convaincue du primat des enjeux culturels sur la question sociale, elle s'inscrit – consciemment ou non – dans l'héritage de l'ethno-différentialisme défendu par le Groupe de recherche et d'étude pour la civilisation européenne (GRECE) dans les années 1970. Aussi peu progressiste qu'authentiquement réactionnaire, elle est la position qui dénonce « l'appropriation culturelle » de pratiques dans le débat public, ou qui refuse explicitement, en cohérence, la proposition universaliste et ses corollaires (laïcité, égalité entre les femmes et les hommes, interdiction des statistiques ethniques). Elle revêt la particularité d'être longtemps cantonnée à des cercles restreints non seulement du champ politique, mais même du monde intellectuel et associatif (Parti des indigènes de la République, à titre principal). Deux éléments nous semblent expliquer cela :

– la radicalité qu'elle incarne, d'abord, qui rend son acceptation difficile dans les sociétés modernes globalement acquises à l'universalité des droits fondamentaux et de la dignité humaine ;

– son impossible encodage dans la tradition progressiste, qu'il s'agisse de l'idée socialiste comme de l'idée républicaine, ensuite. C'est la raison pour laquelle la proposition relativiste s'inscrit plus rigoureusement dans la tradition réactionnaire, celle de la contre-révolution, que dans une torsion de l'idée de progrès, même si ses détracteurs oublient parfois que c'est à partir d'elle que se formulent le plus souvent les revendications de droits et de reconnaissance.

La deuxième catégorie de critique de l'universalisme est la plus courante. Elle est celle qui se formule dans les termes et au nom de l'universalisme. Cet universel est appelé à se concrétiser, à être davantage qu'une invocation formelle, à être une réalité émancipatrice au service des plus faibles.

La troisième grande catégorie est composée des militants affirmés de l'universalisme : deux tendances cohabitent, dont les différences ne doivent pas être sous-estimées.

D'abord, les promoteurs de l'universalisme qui s'assument comme tels et revendiquent un lien irréductible entre républicanisme et droits humains, dans une tradition authentiquement progressiste. Cette position entend porter une double critique. La première est adressée à une forme de relativisme présent au sein des gauches radicales et qui puise pour partie dans la tradition réactionnaire des anti-Lumières[1] : complaisance avec l'antisémitisme, l'impérialisme, le djihadisme, le complotisme, le masculinisme, voire avec des théories de la race, s'agissant notamment du Parti des Indigènes de la

1. Voir les lectures qu'en proposent Stéphanie Roza dans *La gauche contre les lumières ?*, Paris, Fayard, 2020 ou Susan Neiman dans *La gauche n'est pas woke*, Paris, Flammarion, coll. « Climats », 2024.

République. L'autre s'adresse aux militants de ce que leurs détracteurs désignent volontairement péjorativement comme un « catéchisme républicain » (nous y reviendrons ci-après), dont l'universalisme strictement désincarné, déconnecté des droits de l'homme et de la question sociale, serait en réalité « identitaire » ou « ethnocentré ». C'est contre ces faux-semblants qu'ils plaident symétriquement pour un universalisme cosmopolite et incarné.

Ensuite, des militants de l'universalisme qui placent cet enjeu au cœur des combats dans une dimension conflictuelle, pointant la compromission d'une gauche soumise à ses affects identitaires et devenue non seulement incapable, mais réticente à penser dans la grammaire républicaine. La formation de cette critique formulée au nom du républicanisme repose, dès l'origine, sur deux piliers que nous avons déjà commentés :

– le rejet d'une réduction « économiciste » qui tend à excuser à partir des conditions matérielles dans lesquels ont baigné les auteurs d'actes terroristes se revendiquant d'une religion, en l'occurrence l'islam ;

– la mise en place d'une relation d'équivalence entre deux positions : une forme d'identitarisme classiquement attribué à l'extrême droite (rapport organique et ethnique à la nation définie par le sang, la langue) ; une autre forme d'identitarisme développée à gauche considérant la société française non plus en tant que communauté de citoyens, mais en tant qu'addition de communautés diverses constituées sur la base de critères d'identité particuliers. La formulation française de la « critique républicaine » de ce qui est perçu comme une dérive de la gauche est par ailleurs concomitante des critiques émises par Mark Lilla et reprises en France contre « l'idéologie de la diversité », que ce professeur de l'université Columbia tient notamment pour responsable de la défaite d'Hilary Clinton en 2016[1].

Pour un regard strictement factuel et non idéologique, ce renvoi dos à dos des identitarismes est intéressant à au moins deux égards. D'abord parce qu'il place nécessairement celui qui l'édicte dans une position « centriste » et « équidistante », il place automatiquement son éditeur en position centrale. Sur des sujets touchant au politique, inutile de souligner en quoi ce positionnement est évidemment tout sauf anodin. Ensuite, parce qu'il dresse en pratique, même s'il s'en défend en théorie, une équivalence entre l'extrême gauche et l'extrême droite, constat qui interroge les mœurs d'une force politique qui a coutume d'établir une différence de nature entre la radicalité de droite et celle de gauche, même si les moyens utilisés ont pu être sévèrement dénoncés comme étant les mêmes – c'est l'une des matrices de l'antitotalitarisme.

Dans un moment qui voit le terrorisme ressurgir et tuer au nom de la religion, la laïcité s'impose comme un outil à la fois ciment du « commun républicain » permettant de dépasser les identités particulières, mais aussi comme outil de lutte contre la pénétration du religieux dans l'espace public. C'est la position incarnée dans le débat public par la frange libérale-républicaine venue de la gauche et ses écosystèmes contre une gauche dite « diversitaire » :

> La tenaille identitaire, c'est le face-à-face qui menace de s'installer entre extrême droite et islam politique, accaparant et polarisant le débat public de telle sorte qu'un nombre croissant d'acteurs se décident à choisir l'un ou l'autre camp, donnant ainsi naissance à une gauche diversitaire, souvent appelée de façon polémique « islamo-gauchiste », ainsi qu'à

1. Voir Mark Lilla, *La gauche identitaire. L'Amérique en miettes*, Paris, Stock, 2018.

> une droite identitaire [...]. Ce concept est très différent de l'idée, aujourd'hui désuète, selon laquelle « les extrêmes se rejoignent ». D'abord parce que la tenaille identitaire met en mouvement des personnes, des courants de pensée ou des formations politiques qui n'ont rien d'extrémistes, mais qui se positionnent de plus en plus sur et en fonction de critères liés à l'identité. [...] L'intérêt de la métaphore est de donner à voir un mécanisme, celui qui entraîne solidairement des forces politiques et des courants idéologiques autour d'un même axe. Pour le dire de façon prosaïque, tout tourne de plus en plus autour de l'identité ; et les forces qui entraînent le mouvement sont des minorités radicales, peu nombreuses en effectifs mais très déterminées et très structurées sur le plan idéologique[1].

Cette position n'est pas nouvelle : la tentation du piège identitaire était déjà vigoureusement dénoncée dans la première moitié des années 2000, alors que la qualification de Jean-Marie Le Pen au second tour puis la loi de mars 2004 avaient engendré d'importantes tensions. En témoigne la position de Daniel Bensaïd, qui alertait sur les dangers que constituait alors le risque d'une « ethnicisation », en germe dans la critique relativiste que nous avons décrite plus haut (premier des trois types de rapport à l'universalisme). Bensaïd, Samuel Joshua et Roseline Vachetta saisissent très tôt le « piège identitaire » en germe. En janvier 2005, dix mois avant les émeutes de novembre et dix ans avant l'attentat contre Charlie-Hebdo, est publié l'Appel pour les assises de l'anticolonialisme postcolonial intitulé « Nous sommes les indigènes de la République ». Sitôt, les boussoles universalistes s'agitent au sein même de la gauche radicale-anticapitaliste de la Ligue communiste révolutionnaire :

---

1. Texte du Printemps républicain, « De la tenaille identitaire et de la lutte contre l'extrême droite », 22 novembre 2020.

> Il n'y a aucune difficulté à reconnaître qu'une part de cette réalité tient à un passé colonial français qui ne passe pas. En ce sens, l'Appel pour les assises de l'anticolonialisme postcolonial aurait pu être un cri de colère salutaire. [...] En ce sens, l'Appel pour les assises de l'anticolonialisme postcolonial aurait pu être un cri de colère salutaire. La France est imprégnée d'idéologie, de clichés, de représentations du colonisé qui hantent l'inconscient collectif. Malheureusement, cet appel flirte avec une essentialisation d'une nature coloniale éternelle, au lieu de mettre l'accent sur les contradictions et conflits permettant de déployer autrement les solidarités et les alliances. Il y aurait une sorte d'héritage de l'oppression subie (et, par contrecoup, de la culpabilité des oppresseurs). Contre la volonté des rédacteurs, très probablement, cette invocation du « nom du père » introduit une sorte de droit du sang dans le combat contre les discriminations et rejoint une quête à la mode des origines, qui tend à ethniciser ou à confessionnaliser les conflits politiques. Par un jeu de miroirs, on en viendrait ainsi à une position symétrique à celle de la droite cherchant à occulter la place de l'exploitation et de la justice sociale au profit d'une opposition national-étranger[1].

L'idée est alors d'impulser une action visant à redonner au « commun républicain » toute sa force. Au milieu des années 2010 resurgit donc une préoccupation plus ancienne, visant à garantir l'espace de la discussion démocratique et républicaine que l'on a coutume d'appeler « communauté des citoyens ». L'argument est a priori incontestable si l'on se place du point de vue socialiste comme du point de vue républicain : assurer un espace où les individus se détachent de leurs appartenances et affects identitaires subjectifs (couleur de peau, sexe, religion...) relève de l'évidence. Les contestations vont

1. Daniel Bensaïd, Samuel Joshua et Roseline Vachetta, « Quand la raison s'affole », tribune publiée dans *Libération.fr*, 21 mars 2005.

d'ailleurs moins relever du champ théorique que du champ pratique. Elles prendront largement leur part à gauche : la littérature d'intervention dans le débat d'idées s'accélère considérablement dans la seconde partie des années 2010.

Une littérature va ainsi se développer tout au long de la décennie, sous la plume de personnalités se réclamant, pour beaucoup d'entre elles, de la gauche. Celle-ci se donnera pour mission d'établir la critique d'un identitarisme qui, les années avançant, sera plus souvent appelé « wokisme » par ses détracteurs, y associant des positions aussi distinctes et parfois philosophiquement opposées que sont le décolonialisme, l'idée de déconstruction, le racialisme, la promotion des droits humains, les luttes féministes contre le masculinisme, l'antiracisme ou encore un indigénisme pourtant explicitement « antiwoke », antiprogressiste et antiféministe au nom d'un différentialisme revendiqué. À titre d'exemples, Nathalie Heinich, Pierre-André Taguieff, Laurent Dubreuil, Laurent Bouvet, Mark Lilla, ou encore Yascha Mounk ou Susan Neiman sur la question nord-américaine, tous apporteront leur contribution à une croisade contre ce qui est perçu comme un défoulement des identités, au titre d'arguments parfois progressistes, parfois plus conservateurs. Livres, interventions comme tribunes contre une « idéologie décoloniale » promue par un « islamo-gauchisme » se succèdent, souvent menés au nom d'un universalisme que ces dérives mettraient à mal.

Face à ces charges, une contre-offensive s'organise. Les accusations, qui relèvent de différentes nuances, ne manquent pas. Au sein de la sphère intellectuelle et de la production d'idées, elles sont rarement formulées au nom d'un matérialisme qui dénierait à ces questions le seul mérite d'exister par elles-mêmes. C'est le plus souvent depuis l'intérieur du débat idéologique et politique qu'elles se jouent, prenant au sérieux ces enjeux. La plupart se font dans la lignée de Daniel Lindenberg et de son « Rappel à l'ordre ». Publié en 2002 sur fond de règlement de comptes avec une partie du centre Raymond-Aron de l'École de hautes études en sciences sociales (EHESS), Lindenberg prend à partie les « nouveaux réactionnaires ». Sont pêle-mêle regroupés dans cette catégorie des intellectuels investissant, au nom de dispositifs d'argumentation pourtant parfois différents dans leur nature, les questions de nation, de religion, de laïcité, de républicanisme, de citoyenneté, etc. C'est dans cette tradition critique que s'inscrivent les virulentes charges de Philippe Corcuff[1] contre les « nationaux-républicains », de Jean-Loup Amselle contre les « nouveaux rouges-bruns[2] » du philosophe politique Jean-Fabien Spitz à l'égard de ce qu'il désigne comme un « intégrisme républicain[3] ». Spitz formule sa critique au nom du libéralisme, en défense de droits individuels bafoués, mais aussi au nom du socialisme, en s'appuyant sur une critique du « néo-républicanisme » comme marchepied d'un capitalisme autoritaire et débridé. De quoi déchirer un camp qui justifie pourtant ces mêmes principes au nom de la lutte contre une proposition néolibérale pensée autour de l'affirmation inconditionnelle de droits subjectifs. D'autres critiques, qui partagent évidemment des points d'accord avec celles-ci, pointent le climat général imprégnant les mondes médiatique et politique, marqué par un investissement de la

1. Voir Philippe Corcuff, *La grande confusion. Comment l'extrême droite gagne la bataille des* idées, Paris, Textuel, 2021.
2. Jean-Loup Amselle, *Les nouveaux rouges-bruns. Le racisme qui vient*, Fécamp, Lignes, 2014.
3. Jean-Fabien Spitz, *La République ? Quelles valeurs ? Essai sur un nouvel intégrisme politique*, Paris, Gallimard, 2022.

pensée réactionnaire[1]. Enfin, d'autres objections, formulées au nom de l'idée républicaine, entendent renvoyer dos à dos les « fondamentalistes de l'identité » que constituent le « laïcisme » comme le « djihadisme »[2] et pointent les dérives d'un « républicanisme identitaire[3] », selon l'expression d'Alain Policar adressées aux vues défendues par Laurent Bouvet. L'universalisme doit être « inclusif », dynamique, en actes[4]. Cette critique, plus difficile en ce qu'elle se conçoit dans les termes de l'universalisme républicain et dont la formulation la plus complète a été proposée par Jean-Yves Pranchère, entend renvoyer dos à dos l'angélisme d'une partie de la gauche vis-à-vis du poison antisémite et les apôtres d'une conception identitaire de la laïcité, asséchant l'idée laïque en la déconnectant de la question sociale et des droits de l'homme :

> Il est hors de question de ne pas prendre la mesure du climat d'hostilité à l'égalité républicaine et à l'universalité des droits de l'homme que suscitent, sans appeler forcément à la violence, la prédication salafiste ou l'activisme inspiré des Frères musulmans, qui falsifie la signification de la démocratie pour en usurper le langage. Il est nécessaire de dénoncer les attitudes de complaisance à leur égard que nourrit un « antisionisme » qui n'est le plus souvent, hors des milieux anarchistes, qu'un masque de l'antisémitisme – car refuser *aux seuls juifs* le droit à un État qu'on

1. Voir Frédérique Matonti, *Comment sommes-nous devenus réacs ?*, Paris, Fayard, 2021.
2. Jean-François Bayart, *Les fondamentalisations de l'identité. Laïcisme versus djihadisme*, Paris, Karthala, 2016.
3. Voir par exemple la lecture par Alain Policar du livre de Laurent Bouvet : Alain Policar, « Un "républicanisme identitaire" », *Nonfiction.fr*, 7 mars 2019.
4. Voir par exemple « Université : « L'universalisme républicain ne se décrète pas, il se construit », *Lemonde.fr*, 5 janvier 2022.

> accorde *aux autres nations* est généralement un indice d'antisémitisme. Et il est nécessaire de mener une critique sans concession d'une production intellectuelle confuse qui mêle, à la nécessaire critique des impensés de l'héritage colonial, des thématiques identitaires qui reprennent sans s'en rendre compte les thèses classiques du nationalisme et de l'anticapitalisme de la « révolution conservatrice » allemande des années 1920 [...].
> Un combat républicain qui renonce aux droits de l'homme renonce à la mémoire du dreyfusisme. Il est plus proche de Maurras que de Péguy, Jaurès ou Clemenceau. Ceux qui dénoncent le « droit-de-l'hommisme » reprennent par ce terme même le discours maurrassien. Ils définissent l'esprit républicain, non par « l'amour des lois et de l'égalité » (comme le définissait Montesquieu), mais par le *primat de l'homogénéité nationale* sur le pluralisme des opinions, la diversité des mœurs et la liberté des associations[1].

Les adieux à l'universel ? Le 7 octobre et la reconfiguration idéologique

Longtemps considérés comme indissociables de la proposition moderne portée par l'idée de progrès, les droits de l'homme ont vu leurs noces avec la gauche démocratique être contrariées par l'expérience totalitaire. Ils ont par la suite pris leur part dans la formulation d'un socialisme démocratique et d'une gauche antitotalitaire, avant de voir l'évidence de leur affiliation à nouveau mise à mal. Les débats de ce début de siècle à gauche ont effectivement été le théâtre d'une critique à deux étages.

1. Jean-Yves Pranchère, « Tourmentes laïques », 2019, consultable en ligne : « Tourmentes laïques », *INRER.fr*, 15 novembre 2019.

La première, dans la lignée du célèbre article de Marcel Gauchet[1], assimile les droits de l'homme et le « droit-de-l'hommisme » à l'extension « illimitée » des droits subjectifs, symbole d'une nation auparavant articulée autour de l'intérêt général d'une communauté de citoyens et désormais réduite à la somme arithmétique d'individus consuméristes. Cette approche soulève évidemment des questions tant le républicanisme français et l'universalisme se sont construits par et pour les droits de l'homme. La critique dudit « droit-de-l'hommisme » au nom de la défense de l'idée républicaine souffre dès lors d'insuffisances: c'est le point de vue notamment défendu par Jean-Yves Pranchère et Justine Lacroix[2]. Les professeurs de théorie politique adressent notamment leur critique aux partisans d'une conception de la laïcité qu'ils considèrent comme déconnectée de la promotion des droits humains et s'inscrivant davantage dans la proposition portée par Rousseau de religion civile que dans la lettre de la loi de 1905.

Une autre critique des droits de l'homme, plus ancienne et particulièrement mobilisée par les franges radicales, se formule à partir de la matrice de l'anti-américanisme. Y sont associés ingérence et colonialisme d'une part, droits de l'homme et universalisme de l'autre dans une critique totale, au motif de l'abstraction de ces droits, formels plus que réels, et de leur propension à protéger les intérêts des seuls plus forts.

1. Marcel Gauchet, « Les droits de l'homme ne sont pas une politique », *Le Débat*, juillet-août 1980.
2. Voir Jean-Yves Pranchère et Justine Lacroix, *Les droits de l'homme rendent-ils idiots ?*, Paris, Seuil, 2019.

Sans revenir sur l'histoire du rapport des gauches à la question palestinienne et à celle de l'antisémitisme, travail que nous laissons aux spécialistes[1] et qui n'est pas le point qui nous intéresse ici, il est indispensable de rappeler le cadre général dans lequel la séquence qui suit le 7 octobre 2023 s'insère : celui du rapport des gauches aux droits fondamentaux et de leur articulation avec ses comportements en matière de politique étrangère. Le 7 octobre n'a pas seulement engendré ces fractures, il les a révélées en faisant remonter à la surface de vieux réflexes propres à une gauche se présentant comme anti-impérialiste, principalement par anti-américanisme. Ceux-ci ont évidemment des racines lointaines, mais d'autres plus contemporaines, notamment s'agissant de la bienveillance induite dans toute une partie de la gauche dite « radicale » envers les puissances et acteurs hostiles aux États-Unis, notamment la Russie, la Chine, l'Iran et le Hamas. Nous reviendrons sur cette séquence en deux temps : le schisme moral provoqué par l'absence de condamnation unanime des actes commis par le Hamas et la querelle soulevée autour du « pacifisme » d'une part, celle de l'antisémitisme, d'autre part.

Le schisme moral, la rupture de nature

Les réactions suscitées par l'attaque surprise du Hamas sur le sol israélien le 7 octobre témoignent, dès les heures qui la suivent, de la profondeur des fractures qui minent la gauche française. Face au déchaînement de violence, les réactions s'organisent autour de deux grandes lectures des évènements. Une lecture condamnant explicitement les attaques, une

1. Voir par exemple Robert Hirsch, *La gauche et les juifs*, Bordeaux, Le Bord de l'eau, 2022 ou Michel Dreyfus, *L'antisémitisme à gauche. Histoire d'un paradoxe, de 1830 à nos jours*, Paris, La Découverte, 2009.

lecture proposant la contextualisation des évènements. Les réactions du PS et d'EELV relèvent de la première catégorie :

> Ce matin, le Hamas a lancé des attaques et commis des actes terroristes contre Israël, faisant plusieurs centaines de victimes civiles et militaires ainsi que de nombreux blessé.e.s. Les écologistes condamnent ces événements particulièrement effroyables sans aucune ambiguïté, rien ne justifie jamais d'attaquer délibérément des civil.e.s.
> (Communiqué EELV, 7 octobre 2023)

> Le PS condamne sans réserve l'attaque terroriste du Hamas contre Israël. Il adresse son soutien à la population israélienne qui subit les tirs de roquettes, les meurtres de masse et les prises d'otage de civils (hommes, femmes, enfants, personnes âgées), les mises en scène odieuses de meurtres ou de détention.
> La politique du gouvernement israélien peut et doit être critiquée. Elle déconstruit l'État de droit. […] Mais la politique du gouvernement Netanyahu ne saurait être mise en avant pour relativiser l'agression terroriste dont est aujourd'hui la cible la population israélienne. Rien, jamais ne saurait justifier des actes terroristes. Il n'y a pas de circonstances atténuantes qui soient entendables, et nul ne devrait renvoyer dos à dos Israël et l'organisation terroriste Hamas. Le Hamas ne recherche en aucune façon la paix. Son projet politique et militaire demeure la destruction de l'État d'Israël. Le Hamas instrumentalise la détresse du peuple palestinien. Ses combattants ne sont pas une force armée de résistance.
> (Communiqué PS, 8 octobre 2023)

La déclaration de Fabien Roussel au nom du PCF, pusillanime, ne choisit pas. Elle oscille entre la position de principe condamnant les attaques – inconciliable avec l'invocation d'un contexte qui en apporte des éléments d'explication – et la position de la pleine et entière contextualisation – inconciliable avec la condamnation des attaques. Tout en condamnant les attaques qu'il considère « inacceptables et injustifiables », il rappelle le « contexte de raids de terreur multiples » de l'armée israélienne et des colons et la responsabilité de Benjamin Netanyahou et sa « politique violente » qui a « lourdement contribué à cet engrenage ». Le Nouveau parti anticapitaliste (NPA) entend rappeler la « stratégie d'Israël, appelée "tondeuse à gazon" » qui consisterait « à éliminer physiquement et régulièrement des nouvelles générations de militants et d'opposants à l'occupation, dans un cycle de répétition interminable ». Surtout, il se félicite de la situation :

> Cette fois-ci, l'offensive est du côté de la résistance. [...] Le Hamas appelle les palestien.nes à se soulever dans tous les territoires et à lutter contre l'occupation. [...] À cette heure, il est évidemment à craindre que l'armée israélienne se permette les pires exactions et représailles, cela avec la bénédiction de la communauté internationale occidentale.
> Le NPA ne se joint pas à la litanie des appels à la prétendue « désescalade ». En effet, la guerre contre les Palestinien.nes dure depuis soixante-quinze ans, et la gauche devrait se rappeler de la nécessaire solidarité avec les luttes de résistances contre l'oppression et l'occupation. Le NPA rappelle son soutien aux Palestiniennes et aux moyens de luttes qu'ils et elles ont choisi pour résister. [...] Nous soutenons l'exigence de sanctions internationales contre les crimes de guerre et d'apartheid d'Israël, celles-ci étant encore plus nécessaires aujourd'hui face à la violence et la haine de la classe dirigeante actuelle en Israël. Enfin nous rappelons que c'est bien l'absence de sanctions et plus généralement l'occupation, l'extension de la colonisation et l'apartheid qui sont responsables de cette situation.

Le NPA fait ainsi le choix d'un champ lexical associant la situation au registre non pas terroriste, mais politique (militants, opposants à l'occupation, oppression, occupation).

Cette lecture justifie l'attaque par le rapport de forcé défavorable dont seraient victimes les Palestiniens dont les intérêts sont assimilés, de fait, à ceux du Hamas. Les cibles de l'attaque, des kibboutzim historiquement sensibles à la cause palestinienne et opposés à la politique conduite par Netanyahou, de même que l'intensité de la violence qui s'est déchaînée n'amendent en rien cette réaction. En outre, l'association du Hamas aux Palestiniens et donc l'acceptation de la légitimité de son projet – celui de l'anéantissement des juifs – offre au gouvernement israélien l'argument rêvé pour justifier la nature de sa riposte. La réaction du NPA et, au-delà, d'une partie de la gauche radicale semble donc profondément contradictoire et inopérante en plus d'être moralement incriminable. Une telle appréciation revient en effet à en justifier l'action en tant qu'elle serait motivée par la légitime défense de la survie d'Israël. Cette position, proprement fascisante, contraint le NPA à publier un second communiqué entendant rappeler que « le projet politique et idéologique, la stratégie et les moyens de lutte du Hamas ne sont pas ceux du NPA » tout en refusant explicitement la qualification d'un terrorisme qu'ils placent entre guillemets, rappelant que « la résistance palestinienne est d'ailleurs composée de forces avec des projets politiques différents ». Le communiqué de Révolution permanente, organisation se revendiquant du trotskisme et originellement courant du NPA avec lequel elle rompt en 2021, rappelle avoir toujours considéré « le programme du Hamas visant à ériger un État islamiste » comme un « projet politique réactionnaire », mais regrette « l'assimilation de la résistance palestinienne au terrorisme » et demande à ce que le Hamas soit « considéré comme un belligérant et non comme une "organisation terroriste" ». Revenant sur les différends à l'extrême gauche, Lutte ouvrière (LO) embrasse quelques semaines plus tard sa traditionnelle critique matérialiste et féministe de l'idéologie islamiste et renvoie dos à dos l'« impérialisme » de « Netanyahou » et du « Hamas » :

> Le Hamas (Mouvement de résistance islamique) s'est donc imposé sur le terrain du nationalisme bourgeois, mais il en est une version religieuse et réactionnaire. Il a d'abord tenté de cantonner les femmes aux tâches domestiques, de leur imposer le port du hijab et l'interdiction de fumer en public, avant de reculer face aux résistances. Qualifier le Hamas de « principale organisation de la résistance » palestinienne est un abus de langage, pour ne pas dire une escroquerie. […]. Si une partie des masses palestiniennes fait confiance au Hamas, lui en tout cas ne leur fait pas confiance[1].

Ce détour par les franges les moins exposées de la gauche radicale était nécessaire, mais c'est bien la position d'une partie, et pas des moindres, de la gauche parlementaire qui fera exploser les fractures. Est publié au début de l'après-midi du 7 octobre un communiqué du groupe parlementaire LFI (groupe « LFI-NUPES »), première force gauche à l'Assemblée nationale.

> L'offensive armée de forces palestiniennes menée par le Hamas intervient dans un contexte d'intensification de la politique d'occupation israélienne à Gaza, en Cisjordanie et à Jérusalem-Est. Nous déplorons les morts israéliens et palestiniens. […]. Dans l'immédiat, il faut obtenir un cessez-le-feu et la protection des populations.
> (Communiqué du groupe parlementaire LFI-NUPES, 7 octobre 2023)

1. « L'extrême gauche, la question palestinienne et le Hamas », *Lutte ouvrière.fr*, 10 décembre 2023.

Ersilia Soudais, députée Insoumise, investit également l'argument relativiste des responsabilités partagées arguant que « la haine attire la haine ». Le moment donne le tournis : des positions mettant à mal le plus grand dénominateur commun de la discussion publique, celui de la condamnation de la violence la plus pure au nom d'une commune humanité, sont tenues par les membres d'une organisation politique qui a vu son leader obtenir 23 % des suffrages à l'élection présidentielle. Judith Butler, icône intellectuelle des études de genre et de la lutte féministe, se range du côté de cette lecture des évènements :

> Mais je pense qu'il est plus honnête, et plus correct historiquement, de dire que le soulèvement du 7 octobre était un acte de résistance armée. Ce n'est pas une attaque terroriste, ce n'est pas une attaque antisémite : c'était une attaque contre les Israéliens. Et vous le savez, je n'ai pas aimé cette attaque, je l'ai dit publiquement. [...] Toutefois, je serais vraiment stupide si je décidais que la seule violence dans cette région est à l'encontre du peuple israélien. La violence contre les Palestiniens a lieu depuis des décennies. [Le 7 octobre] était un soulèvement qui résulte d'une situation de soumission, et contre un appareil d'État violent. Maintenant, soyons clairs : on peut être pour ou contre la résistance armée, pour ou contre le Hamas, mais mettons-nous au moins d'accord sur le terme de « résistance armée », et ensuite on peut débattre de la question de savoir si c'est juste, s'ils ont fait ce qu'il fallait faire, ou s'il y a d'autres stratégies[1].

Sur le plan théorique des principes, celui qui compte alors, le moment a ceci de particulier et d'inconfortable qu'il oblige les forces progressistes à choisir entre deux positions. Celles-ci ne peuvent être nuancées puisqu'elles doivent être

---

1. Judith Butler lors d'une table ronde à Pantin, dimanche 3 mars 2024.

formulées non pas au nom de la relativité des situations examinées au cas par cas, mais sur le plan des principes. La condamnation « inconditionnelle » du Hamas ne peut ainsi être accompagnée d'une quelconque mention relative à une « responsabilité partagée ». Quant à l'invocation d'une responsabilité partagée, parce qu'elle revient à conditionner le soutien à Israël, elle est inconciliable avec la condamnation de la violence. De sorte que si la situation est inconfortable, elle est aussi révélatrice du niveau d'attachement à l'idée d'universel des formations politiques, comme de l'ensemble des intellectuels. La publication du communiqué de LFI fait ainsi l'effet d'un coup de tonnerre à gauche et dans le paysage politique et intellectuel. Alors que le décompte des morts, des blessés et des otages ainsi que la nature et le degré de violence qui s'est déchaînée le 7 octobre commencent à être sus, la position officielle du groupe LFI provoque un tollé dans la classe politique et au sein de la NUPES. Les réactions en retour entendent mettre à jour ce qui se joue selon elles derrière le débat sémantique sur la qualification de l'attaque, considérant qu'il n'est que le vernis d'une discussion qui a trait aux catégories morales. C'est la filiation de la gauche française, et notamment de ses franges « radicales » dans toute une tradition progressiste et humaniste qui se joue ici. Génération écologie y voit un « point de non-retour et une rupture avec la démocratie et l'humanisme » et en appelle à une « clarification politique immédiate ». Elle indique enfin qu'elle ne « participera plus à la NUPES de Jean-Luc Mélenchon ». Jérôme Guedj, député socialiste, déplore une « forme de relativisme, de renvoi dos à dos, d'absence de ce minimum de compassion qui fait notre humanité commune » et estime immédiatement que la « question de rester dans la NUPES se pose ».

Les séquences qui suivent invalident la lecture de la réaction Insoumise comme un simple dérapage. La position relativiste, motivant les atermoiements sur la qualification du Hamas en tant qu'« organisation terroriste » et lui attribuant les mérites d'une « résistance », est maintenue bien après le 7 octobre à de nombreuses occurrences. C'est le cas de Danièle Obono, qui définit le Hamas comme « mouvement politique islamiste [...] résistant à une occupation[1] » ou de David Guiraud, qui, au cours d'une conférence donnée à Tunis, attribue certaines des exactions du Hamas à Israël. Ces propos sont sévèrement jugés par Raquel Garrido, également députée Insoumise, qui les qualifie de « profondément inacceptables » et regrette la « boussole déboussolée de la direction de LFI qu'elle appelle alors à un « sursaut éthique[2] ». Mathilde Panot, présidente du groupe Insoumis à l'Assemblée nationale, refusera en conférence de presse de qualifier le Hamas de groupe terroriste. Andreas Malm, chercheur en géographie invité le 30 mars 2024 à l'institut La Boétie, alors co-présidé par Clémence Guetté, députée LFI, et Jean-Luc Mélenchon, voyait quelques mois plus tôt le 7 octobre comme « fondamentalement un acte de libération ». Confronté aux images de l'attaque lors d'une diffusion organisée à l'Assemblée nationale, le député Aymeric Caron entend rappeler qu'il s'agit d'un film « réalisé et monté par l'armée israélienne et qu'il y a évidemment un but derrière la projection de ces images ». Insoupçonnables de légèreté, ces positions tenues à froid confirment au contraire la conscientisation du moment et la place occupée par la position Insoumise dans une stratégie globale d'attractivité électorale axée autour des « quartiers populaires », entreprise présentée comme telle par Jean-Luc Mélenchon :

1. Interview de Danièle Obono sur Sud Radio, 17 octobre 2023.
2. Interview sur Public Sénat, 14 novembre 2023.

> Nous pensons nous, qui va dire le contraire, qu'il faut aller chercher les milieux ruraux déclassés… bien sûr. Mais le gros de la troupe qui va nous faire gagner, ce sont les quartiers populaires où on vote pour nous à 80 % au premier tour, mais où 30 % seulement vont voter. Si nous votons à un niveau égal à celui de la participation du reste de la société, nous avons gagné. C'est pourquoi, la priorité, c'est de les convaincre eux[1].

La fracture à gauche, probablement la plus intense depuis des décennies, est en réalité et comme souvent intra-partisane : au sein même de LFI, des voix s'élèvent contre la position relativiste. Clémentine Autain concède que LFI a commis une « faute politique en ne qualifiant pas de terroriste le Hamas[2] » et François Ruffin regrette une parole Insoumise qu'il estime ne pas avoir été « à la hauteur de la gravité des événements ». Il « condamne sans réserve les actes du Hamas […], organisation fanatique, terroriste, qui a toujours été l'adversaire des progressistes au Proche-Orient[3] ». De quoi alimenter la controverse autour de la réduction des fractures à l'opposition binaire des « deux gauches », une forme d'une conscience universaliste subsistant à l'intérieur du camp Insoumis sans toutefois aller jusqu'à faire sécession. S'agissant de la gauche social-démocrate, Raphaël Glucksmann considère que « c'est la défaite de l'universalisme et de l'idée même de République qui se joue[4] ».

---

1. Discours d'introduction de Jean-Luc Mélenchon à l'institut La Boétie, 8 septembre 2023, consultable sur la chaîne YouTube de l'institut La Boétie.
2. Interview dans le Grand Jury (RTL-*Le Figaro*-M6), 15 octobre 2023.
3. Interview sur le site du *Monde*, 10 octobre 2023.
4. Interview dans *L'Express*, 24 octobre 2023.

Plus qu'autre chose, l'enjeu est pourtant vertigineusement simple : c'est le banal rapport à l'universel qui se joue alors. La violence, d'une particulière cruauté, qui s'est déchaînée contre les femmes le 7 octobre ajoute au conflit une dimension ayant trait au féminisme. Le mouvement féministe se fracture ainsi, aux prises avec deux positions profondément inconciliables.

La première position entend faire reconnaître ce qu'elle considère tantôt comme un « viol de masse[1] », selon l'expression employée par Laurence Rossignol, sénatrice PS, tantôt comme un « féminicide de masse », c'est le sens d'une tribune publiée dans *Libération* le 10 novembre 2023[2]. Cette position, que l'on peut objectivement et rigoureusement qualifier d'« universaliste » se tient à une position de principe : elle entend refuser de conditionner la condamnation des violences faites aux femmes à quelque contexte que ce soit.

Elle s'oppose à une seconde proche, défendant une conception authentiquement relativiste. En effet, elle refuse la position de principe et conditionne le soutien aux femmes, donc conditionne son féminisme, au contexte en vigueur. Ce dernier est ici considéré comme celui de la « colonisation, du génocide en cours et [de] la propagande qui les accompagne », comme le mentionne une tribune publiée sur le site *Le Media*[3]. Dès lors, le critère de l'oppression palestinienne subie se substitue au critère « femme » : ainsi pourrait donc être justifié le refus de soutien féministe aux victimes du 7 octobre. Si nous prenons au sérieux les arguments invoqués, cette position ne peut être invoquée qu'au nom du

---

1. Interview de Laurence Rossignol dans *Le Parisien*, 17 mars 2024.
2. « Pour la reconnaissance d'un féminicide de masse en Israël le 7 octobre », tribune collective, *Libération.fr*, 10 novembre 2023.
3. « Propagande de guerre pro-israélienne : notre féminisme ne se laissera pas enrôler ! », *Le Media.fr*, 21 novembre 2023.

nationalisme ou au nom d'un critère politique (résistance à la domination, réaction...). Aucun argument de raison ne peut néanmoins valider cette position en tant que position « féministe ». C'est pourtant depuis ce point de vue que cette position a pu être défendue.

Il convient d'aller au bout du raisonnement ici tenu et d'en accepter la substance et la conséquence. La substance est la suivante : cette position entend accepter de sacrifier les femmes violées, humiliées et tuées le 7 octobre sur l'autel de la lutte contre l'impérialisme qu'incarne au mieux la politique israélienne, au pire Israël. Une matrice d'argumentation en filiation directe avec la tradition réactionnaire des schémas antidreyfusard ne trouvant rien à redire du sacrifice d'un innocent si tant est qu'il fut motivé par la raison d'État. La conséquence est la suivante : tenir cette position invalide le fait de pouvoir se réclamer du féminisme.

Les résurgences de l'enjeu antitotalitaire

Au fond, le rapport des gauches à la guerre en Ukraine et à Gaza réactive une structuration que l'on pensait enterrée depuis la chute du mur et la supposée victoire des démocraties libérales qui aurait entraîné la « fin de l'histoire[1] ». Cette structuration, en réalité *summa divisio*, oppose une gauche de culture antitotalitaire à une gauche qui refuse les leçons du dreyfusisme et du stalinisme. Se joue donc sous ces éléments la nature du rapport aux impérialismes, au nationalisme, aux droits de l'homme et à la guerre.

Le rapport à la guerre entre l'Ukraine et la Russie est, de ce point de vue, le plus parlant. La position partagée par LFI entend en effet s'opposer, dans la lignée de ses

1. Francis Fukuyama, *La fin de l'histoire*, Paris, Flammarion, 1992.

réticences sur la livraison d'armes au peuple Ukrainien, aux va-t-en-guerre[1], position incarnée par Emmanuel Macron et Raphaël Glucksmann dans le cadre de la campagne européenne de l'année 2024. Si la justification invoquée par LFI pour s'opposer à la position de Raphaël Glucksmann a trait à la nature de cette différence (intervention contre non-intervention, adhésion de l'Ukraine contre non-adhésion), la différence de positionnement avec le RN sera une affaire de degré. À tel point que le comportement abstentionniste du RN sur différents éléments ayant trait à la question ukrainienne sera investi par Manuel Bompard comme argument de campagne.

> Lorsqu'il a fallu voter pour l'intégration de l'Ukraine à l'OTAN, le RN s'est abstenu. Lorsqu'il a fallu voter pour l'intégration de l'Ukraine à l'Union européenne, le RN s'est abstenu. Lorsqu'il a fallu voter pour l'envoi de troupes françaises en Ukraine, le RN s'est abstenu. Nous, nous avons voté contre. Le RN a bégayé.

Cette situation met en crise la validité du « front républicain ». Celui-ci reposait sur une distinction entre ce qui sépare deux partis à l'intérieur du « champ républicain » comme relevant d'une différence de degré là où la différence entre un parti dit « républicain » et le RN relevait d'une différence de nature, ayant trait aux valeurs fondamentales. Le retournement est ici consommé : la position Insoumise entend acter une différence de nature avec la position défendue par Raphaël Glucksmann (ou Emmanuel Macron) et, s'agissant du RN, une simple différence ayant trait à l'articulation entre théorie et pratique, entre paroles et actes.

1. Programme de l'Union populaire dans le cadre des élections européennes de 2024, p. 7.

L'attitude choisie et cultivée par une partie de LFI doit être replacée dans un double contexte: politique extérieure d'un côté, politique intérieure de l'autre. De long terme d'abord: nous entendons ici le rapport d'une partie de la gauche à Bachar El-Assad, à Vladimir Poutine ou plus récemment encore à Xi Jinping. C'est à l'aune de ces relations qu'il convient d'observer les positions adoptées par une partie de la gauche radicale dans la séquence ouverte le 7 octobre 2023. S'agissant par exemple de la question syrienne et du rôle de la Russie, Jean-Luc Mélenchon a, tout au long de la décennie passée, cultivé une ambiguïté in fine suffisamment explicite, considérant comme des « bavardages » les débats sur la qualification ou non de « crime de guerre » imputables à la Russie. S'agissant de Vladimir Poutine, le leader de LFI le décrit, deux ans après le début de la guerre, comme un « chef d'État impliqué par la question de la paix et de la guerre » et faisant « dans son domaine ce qu'il croit être son devoir, comme nous-mêmes, nous faisons ce que nous croyons être notre devoir ». Ces positions s'inscrivent également dans une stratégie de politique intérieure mise en place par Jean-Luc Mélenchon.

Revendication paradoxale – puisqu'elle s'accompagne, dans le même temps, d'une complaisance toute aussi explicite pour la violence qui se déchaîne en France suite à la mort du jeune Nahel Merzouk tué par un policier à Nanterre – c'est au nom de la tradition pacifiste de Jean Jaurès que cette position est invoquée par LFI[1]. Une lecture non interventionniste que conteste alors Christophe Prochasson, historien du socialisme, lisant dans la lecture Insoumise une simplification

1. C'est le cas dans les interventions de nombreux députés Insoumis, mais aussi dans le programme de l'Union populaire dans le cadre des élections européennes de 2024, p. 87.

falsificatrice du « pacifisme de raison » jauressien dont il détaille les nuances[1].

Sous la position instantanément « pacifiste » de LFI appelant à un cessez-le-feu dès le 7 octobre se joue en réalité quelque chose de vertigineux : la question de la légitimité d'Israël à exister. Si la nature des ripostes dévastatrices et nihilistes a confirmé la dérive fascisante du gouvernement de Benjamin Netanyahou et son absence de préoccupation pour le sort des otages, la position dite « pacifiste » soulève une difficulté majeure. Dans quelle mesure était-il en effet possible pour Israël, au lendemain de l'attaque, de concilier une absence de riposte, donc un refus d'élimination du Hamas, sans compromettre sa sécurité, celle de son peuple et donc son droit à exister ? Une difficulté d'ampleur, notamment soulevée par les chercheurs Danny Trom et Bruno Karsenti[2], soulevant ainsi la question du lien entre la position dite pacifiste et la question de l'antisémitisme.

Les résurgences de l'antisémitisme

L'échec de la qualification de Jean-Luc Mélenchon au second tour de l'élection présidentielle de 2022 encourage le leader Insoumis à clarifier la stratégie électorale à mener. Celle-ci doit être pensée autour d'une coalition des colères et entend combler le manque de voix nécessaires à la qualification au sein des abstentionnistes fâchés, notamment issus des « quartiers populaires ».

Par-delà les débats sémantiques sur le terme d'« universalisme » et son investissement politique, questions que

1. Voir Christophe Prochasson, « Jaurès ou le pacifisme de la raison », *AOC*, 4 avril 2024.
2. Voir par exemple Bruno Karsenti, « L'autre bataille d'Israël », *Revue K*, 8 novembre 2023.

nous avons plus haut passées en revue, la séquence ouverte par la tragédie du 7 octobre 2023 expose et révèle la nature et la profondeur des fractures internes aux gauches s'agissant non seulement de politique étrangère, mais surtout des droits humains et du rapport à l'antisémitisme. Comme un véritable « moment néo-totalitaire », cette séquence a fait ressurgir à gauche des démons que l'on pensait pourtant digérés par les leçons du dreyfusisme et du totalitarisme, et relégués à d'obscures franges de l'ultragauche la plus radicale et la plus inconsciemment réactionnaire. Le « moment 7 octobre » est celui de l'élargissement du terrain occupé par ces vieux réflexes à toute une partie de la gauche parlementaire, et en premier lieu à Jean-Luc Mélenchon, qui réalisait dix-huit mois plus tôt le plus haut score obtenu par un candidat de gauche à une élection présidentielle depuis François Hollande en 2012.

Tout au long des semaines qui suivent se succèdent des propos parfois volontairement ambigus, parfois plus explicites qui amplifient les fractures internes à la gauche, l'une accusant l'autre de complaisance avec un antisémitisme de gauche ou une judéophobie de plus en plus assumée. David Guiraud, député LFI, reconnaîtra, en le regrettant, l'apport des influences de Dieudonné et Alain Soral sur sa formation intellectuelle, « les seuls à prendre à bras-le-corps le sujet[1] ».

S'agissant de Jean-Luc Mélenchon, ses paroles s'inscrivent certes dans une stratégie électorale assumée, nous l'avons mentionné plus haut, mais plus généralement dans une démarche d'ambiguïté engagée depuis plusieurs années. Celle-ci entend cultiver un rapport ambivalent au complotisme

1. Charlotte Belaïch, « Daniel et David Guirand, politiques de père en schismes », *Libération.fr*, 15 décembre 2023.

et à l'antisémitisme. S'agissant du complotisme, c'est en sous-entendant la mise en scène de l'attentat commis par Mohamed Merah en 2012 :

> Vous verrez que dans la dernière semaine de l'élection présidentielle, nous aurons un grave incident ou un meurtre. Ça a été Merah en 2012, ça a été l'attentat la dernière semaine sur les Champs-Élysées [...]. Tout ça, c'est écrit d'avance [...]. Nous aurons l'évènement gravissime qui va une fois de plus permettre de montrer du doigt les musulmans et d'inventer une guerre civile. C'est bateau, tout ça[1].

S'agissant de l'antisémitisme, Jean-Luc Mélenchon n'hésitait pas à reprendre à son compte la vieille accusation du « peuple déicide ». Invité à répondre à la question posée par la journaliste lui demandant si les « forces de l'ordre doivent être comme Jésus sur la croix qui ne réplique pas ? », Mélenchon rétorque : « Je ne sais pas si Jésus était sur la croix, mais je sais qui l'y a mis, paraît-il. Ce sont ses propres compatriotes. » S'agissant de son ancien protégé Jérôme Guedj, c'est une rhétorique nettement plus explicitement antisémite qu'emprunte le multiple candidat à l'élection présidentielle :

> Le sujet ne s'essouffle pas dans les consciences. En témoignent les contorsions d'une girouette comme le PS Jérôme Guedj. Il plaide désormais pour un « entre-deux » entre génocideurs et prétendus partisans de « l'effacement d'Israël ». [...] L'ambiguïté du propos est un signe dans son milieu de fanatisme. L'intéressant est de le voir s'agiter autour du piquet où le retient la laisse de ses adhésions. [...]. Bousculé par Meyer Habib sur l'estrade d'une manifestation du Likoud

1. Interview de Jean-Luc Mélenchon sur France Inter dans « Questions politiques », 6 juin 2021.

au Trocadéro, le PS Jérôme Guedj sait maintenant qu'il ne serait guère mieux accueilli ailleurs[1].

Le choix de la grammaire et la matrice argumentative sont frappants et ne laissent rien au hasard : « contorsions », appartenance à un « milieu de fanatisme » et « la laisse de ses adhésions », l'esthétique antisémite de la « double allégeance » est très explicitement cultivée. Jérôme Guedj répondra à ce qui s'apparente à une essentialisation de sa judéité en rappelant qu'il se considère non pas comme un « juif de gauche », mais comme un « universaliste[2] ». C'est enfin à une délétère, mais habile articulation de dépolitisation de la question laïque, de négation de la spécificité de l'antisémitisme et de restriction de la laïcité à la stricte liberté des cultes que se prête Jean-Luc Mélenchon à l'occasion de l'attentat contre la synagogue de La Grande-Motte[3]. L'entreprise est évidente et épouse parfaitement la stratégie de ciblage des quartiers et des jeunes Français de confession musulmane : en ne nommant pas le cœur de l'attentat, à savoir le déchaînement antisémite qui a pour moteur non pas une guerre de nature culturelle ou religieuse, mais des revendications identitaires, il déplace le problème de la lutte contre l'antisémitisme vers la lutte pour la liberté des cultes de laquelle il fait découler, dans un lien de parenté approximatif, la « laïcité et la liberté de conscience ». Les « principales » victimes de ces atteintes à la liberté des cultes sont aisément déductibles : les Français musulmans.

1. « Nazi ou pas ? Mélenchon répond à la ministre Retailleau », *L'insoumission.fr*, 29 avril 2024.
2. *Le Monde*, 5 mai 2024.
3. Tweet de Jean-Luc Mélenchon, 24 août 2024.

La campagne européenne menée par LFI se fait pleinement en résonance avec la situation au Proche-Orient. À tel point que Manon Aubry, à la tête de la liste LFI, verra son leadership être informellement contesté par Rima Hassan, candidate occupant la septième position de la liste Insoumise et dont la parole publique est intégralement dédiée au conflit et au massacre en cours dans la bande de Gaza. Celle-ci incarnera de la manière la plus totale le décalage vers la gauche de positions autrefois réservées à une fraction historique de l'extrême droite antisémite et à toute une partie de l'ultragauche dite « antisioniste ». Hassan sera notamment le porte-voix de la position de rupture avec celle partagée par la gauche démocratique, celle de la solution dite des « deux États ». Interrogée sur son utilisation de l'expression « *From the river to the sea* », slogan visant à promouvoir l'existence d'un État palestinien effaçant de fait la place d'Israël, Rima Hassan plaide pour un État binational:

> Mon idéal, ce n'est pas d'avoir des frontières entre les Israéliens et les Palestiniens, ce n'est pas d'avoir une logique démographique de séparation entre les Israéliens et les Palestiniens pour ce qu'ils sont. C'est une cohabitation totale, qui est la fin d'un régime d'apartheid[1].

Rima Hassan investit pleinement la charge d'Israël, prenant le soin de radicaliser petit à petit ses positions à mesure que les horreurs de Gaza se succèdent et que la campagne européenne bat son plein. Ainsi militera-t-elle, contre Raphaël Glucksmann, pour la qualification génocidaire du massacre en cours à Gaza, point qui soulèvera un débat à la

1. Interview sur France Inter, 19 mars 2024.

fois politique et intellectuel[1]. Plus massif encore puisque ne s'embarrassent plus d'aucune précaution, Hassan qualifiera Israël de « monstruosité sans nom[2] », au risque d'opposer à un suprémacisme en miroir inversé et à une entreprise fascisante une position qui en épouse les éléments centraux. De quoi amplifier la porosité de la frontière séparant l'antisionisme de l'antisémitisme et réveiller un débat d'ampleur non pas seulement sur l'articulation entre ces deux notions, mais sur la notion même d'antisionisme. Ainsi, Alma Dufour, députée Insoumise présente-t-elle le député socialiste Jérôme Guedj comme « sur une position qu'on peut qualifier de sioniste, c'est-à-dire qu'il n'ose pas, même avant le 7 octobre, condamner la politique colonisatrice du gouvernement Netanyahou ». Une déclaration cultivant la confusion entre d'une part sionisme et soutien au gouvernement israélien et cultivant dans le même temps mécaniquement celle entre antisionisme et critique du gouvernement israélien.

Qu'est-ce alors qu'une « gauche de droite » ?

La séquence ouverte le 7 octobre accélère ainsi l'extension de vues jusqu'ici reléguées aux franges les plus réactionnaires de la droite et de la gauche. De quoi réactiver, sur un terrain particulièrement sensible, des questionnements qui ont occupé notre réflexion tout au long de ces pages : à l'heure de la confusion des repères, qu'est-ce qu'une position

1. Voir par exemple, s'agissant du point de vue défendant la qualification génocidaire, Didier Fassin, « Le spectre d'un génocide à Gaza », *AOC*, 1er novembre 2023. S'agissant de la position inverse, voir Eva Illouz, « Génocide à Gaza ? Eva Illouz répond à Didier Fassin », *Revue K*, 15 novembre 2023.
2. Tweet du 26 mai 2024.

« de droite » tenue à gauche, et une position « de gauche » tenue à droite ? Qu'est-ce donc, au fond, qu'une « gauche de droite » ?

Le positionnement cultivé par une partie de LFI lui vaut ainsi louages de l'ultradroite antisémite : *Rivarol*, journal négationniste, apporte son soutien au leader Insoumis « diabolisé comme l'était hier Le Pen ». C'est en effet toute la tradition d'une extrême droite qui n'a jamais caché ses sympathies pour les franges les plus réactionnaires de l'islamisme qu'épouse un positionnement Insoumis, qui, nous l'avons souligné, ne fait pas l'unanimité, suscitant des crispations et des contestations en interne. Le dispositif Insoumis s'inscrit ainsi dans la filiation directe des vues qui étaient celles, par exemple, de Jean-Marie Le Pen sur la question palestinienne. Le fondateur du FN dénonçait quelques années auparavant le parti pris de médias parlant « d'affrontements entre Palestiniens et Israéliens » alors que « les dizaines de morts et les centaines de blessés sont tous palestiniens[1] » et dénonçait-il en décembre 1997 le « véritable martyre » subi par le peuple palestinien qui défendait son droit « à une patrie libre et souveraine[2] ».

La section parisienne du Groupe union défense (GUD), organisation nationaliste historique de l'extrême droite française, apportera son soutien à Gaza au nom de la lutte contre le « colonialisme sioniste et pour le droit au peuple palestinien d'être souverain sur leurs terres[3] ». Édouard Husson,

1. Tweet daté du 14 mai 2018.
2. « Interview de Jean-Marie Le Pen, président du Front national, dans "Français d'abord" de la première quinzaine de décembre 1997, sur les relations internationales du Front national », *Vie publique.fr*, 1er décembre 1997.
3. Tweet du GUD Paris, 3 avril 2024.

à la tête, dans le cadre de la campagne européenne, d'une modeste liste engagée à l'extrême droite et participant régulier de conventions françaises et internationales rassemblant les sensibilités conservatrices et réactionnaires européennes, pointe quant à lui le « peuple palestinien dont l'existence est niée par Israël », regrette la destruction des Églises et des mosquées de Gaza et appelle à un débat au Conseil de sécurité de l'ONU au nom d'une « liberté religieuse qui n'est pas négociable[1] ».

Face à cet investissement, les droites poursuivent une reconfiguration entamée depuis de nombreuses années, prenant appui sur la question identitaire. Cette réorganisation des forces, structurée autour du rapport à la question identitaire, à l'universalisme et au « choc des civilisations[2] » et ses lectures est particulièrement intéressante.

La position historique de l'extrême droite conjugue notamment les traditions du nationalisme, de l'antirépublicanisme, de l'antisémitisme et de l'anticommunisme. La matrice est celle d'une réticence exprimée vis-à-vis de l'héritage des Lumières et de l'universalisme républicain et entend s'employer à combattre la décadence matérialiste qui affecte les sociétés occidentales sécularisées. Ses variantes sont multiples et nous ne prétendons pas ici à l'exhaustivité : on la retrouve dans le nationalisme et l'antisémitisme de Xavier Vallat, commissaire aux questions juives sous Vichy, de François Duprat (numéro deux du FN dans les années 1970) ou dans le relativisme ethno-différentialiste de Guillaume Faye et d'Alain de Benoist (Club de l'horloge, Groupement de recherche et d'études pour la civilisation européenne). Puisant dans

1. Tweet du 16 décembre 2023.
2. Samuel Huntington, *Le choc des civilisations*, Paris, Odile Jacob, 1997 [1996].

l'idée contre-révolutionnaire, notamment incarnée par Joseph de Maistre et Louis de Bonald, elle voit dans la République – la « Gueuse », la laïcité et les droits de l'homme les principaux facteurs de décadence.

Ses incarnations contemporaines s'articulent souvent avec d'autres déclinaisons rendant difficilement perceptible son héritage. Il est pourtant bien présent : ainsi Éric Zemmour s'évertue-t-il à soutenir que « ce sont les droits de l'homme qui tuent[1] » ou à rappeler l'irréductibilité de la France à la République[2]. D'autres versions, plus consistantes du point de vue théorique mais rares dans le débat public, témoignent d'une bienveillance à l'égard de manifestations religieuses de l'islam. Elle est justifiée par la défense de valeurs patriarcales, de la « pudeur », des traditions et d'une transcendance, qui, même si elle n'est pas celle de la tradition occidentale, demeure un rempart à l'affaiblissement spirituel de la nation. Ainsi Patrick Buisson déclarait-il n'être « absolument pas scandalisé qu'un croyant place la loi naturelle, la loi divine audessus des lois de la République », « avoir plus de respect pour une femme voilée que pour une lolita en string de 13 ans » et avoir « plus de respect pour un musulman qui fait sa prière cinq fois par jour que pour les bobos écolos à trottinette ». Reconnaissant n'avoir jamais été un « laïciste forcené », car favorable à ce qu'on puisse « manifester sa foi comme on l'entend », il enjoignait la droite à ne « pas s'enrôler dans une croisade contre l'islam[3] ».

1. RTL, 23 avril 2015.
2. En ponctuant ses discours par la formule « Vive la République et surtout, surtout, vive la France ».
3. Interview de Patrick Buisson par Apolline de Malherbe, BFM TV, 8 mai 2021.

Un positionnement qui trouve une déclinaison « modérée » dans les rangs démocrates-chrétiens ou parmi les catholiques conservateurs : c'est le cas des philosophes catholiques Rémi Brague ou Pierre Manent, ce dernier proposant une « amitié civique sincère » aux Français musulmans contre l'affaiblissement spirituel de la nation française[1]. Une mise en pratique qui est régulièrement donnée à voir lors des réformes de société, manifestant l'existence aussi profonde que discrète d'un « front de la foi » réunissant les croyants contre des évolutions perçues comme contrevenant à l'ordre naturel du monde.

Le quinquennat de Nicolas Sarkozy et ses suites seront le théâtre d'un habile mélange entre l'identitarisme de Patrick Buisson et le gaullo-républicanisme d'Henri Guaino. Ainsi Nicolas Sarkozy oscillera-t-il entre, d'un côté, une récupération du principe de laïcité comme protection face au choc civilisationnel avec l'islam et, de l'autre côté, fort investissement d'une tradition conservatrice destinée à ne pas se couper de l'électorat catholique. Ainsi prendra-t-il le soin de préciser que « l'instituteur ne pourra jamais remplacer le curé ou le pasteur[2] », que « le drame du XXe siècle n'est pas né d'un excès de l'idée de Dieu, mais de sa redoutable absence[3] » ou que la « chrétienté nous a laissé un magnifique héritage de civilisation et de culture [...]. Je peux dire cela parce que c'est la vérité[4] ».

La version du choc des civilisations incarnée par Éric Zemmour prend la forme d'une voie intermédiaire. Tout en

1. Voir Pierre Manent, *Situation de la France*, Paris, Desclée de Brouwer, 2015.
2. Discours au Palais du Latran, 20 décembre 2007.
3. Discours au dîner du CRIF, 13 février 2008.
4. Discours du Puy-en-Velay, 3 mars 2011.

embrassant une forte référence réactionnaire et antirépublicaine, il entend prendre la défense de Français juifs menacés par l'islamisation supposée du pays, davantage que s'investir contre l'effacement de la grandeur spirituelle de l'Occident qu'auraient causé le sécularisme et le matérialisme. Une manière de s'assurer la bienveillance d'un électorat à la fois inquiet de la montée d'un « nouvel antisémitisme oriental » indissociable d'une « submersion migratoire » tout en restant insensible à la réhabilitation de Philippe Pétain en un sauveur de juifs ou à l'expression de doutes émis à l'égard de l'innocence du capitaine Dreyfus[1]. Dans un habile mélange des genres, Marine Le Pen investit la laïcité comme « bouclier » des juifs et des femmes contre l'islamisme. Une occasion de poursuivre son entreprise de notabilisation en rompant, au moins en façade, avec l'antisémitisme virulent de son père, tout en encodant un discours empreint de xénophobie dans la grammaire moderne et progressiste de la laïcité.

Les diverses positions de Jean-Luc Mélenchon et de LFI relatives à la politique étrangère, à l'idée européenne, aux impérialismes, à la place des Français juifs et au concept de « peuple » nous conduisent à une interprétation de ce positionnement comme renfermant un inconscient nationaliste. Si l'étude approfondie de la grammaire de Jean-Luc Mélenchon et de LFI mériterait un travail à part entière, il nous semble que la tonalité générale du discours mélenchonien s'organise autour de la primauté d'une esthétique de la nation sur celle de la République. Rapport conflictuel à l'idée européenne,

1. Éric Zemmour déclare à propos de l'Affaire « On ne saura jamais » (CNews, 15 octobre 2020) ou encore « Beaucoup étaient prêts à dire Dreyfus innocent, même si c'est trouble cette histoire » (CNews, 29 septembre 2020).

sympathies plus ou moins assumées à des puissances étrangères dont les comportements s'apparentent à des impérialismes nationalistes, focalisation sur la figure du peuple et de sa représentation[1] préférés à l'éloge des solidarités organisées dans le cadre de la république sociale, voilà autant de signaux qui témoignent en ce sens. Les ambiguïtés sont volontairement cultivées, par exemple s'agissant des frontières et de la culpabilité de la mémoire nationale, mais c'est bel et bien une esthétique de la patrie et de la nation qu'embrasse LFI par la voix de son leader. À tel point qu'il n'est plus guère étonnant de constater la résurgence d'un antisémitisme et l'investissement implicite et profondément réactionnaire de la rhétorique du conflit de loyauté que l'universalisme républicain s'était évertué à enterrer. Un cadre qui expose LFI au piège le plus pernicieux, celui de la rencontre avec les cadres théoriques d'une certaine extrême droite qui a entrepris le cheminement inverse à celui de LFI.

Là où la gauche a vu, ces dernières années, des positions autrefois contenues à l'ultragauche être investies par la première force de la gauche parlementaire, l'extrême droite a fait le chemin inverse : celui de la relégation des positions qu'un surmoi républicain avait rendu inaudibles dans l'espace public au profit d'un renversement apparent de son logiciel. Il serait dommageable pour la gauche, et constitutif d'une terrible régression pour l'idée démocratique comme pour le progrès des sociétés humaines, de prendre assise sur le contenu de cette relégation.

Le « moment 7 octobre » apparaît ainsi comme un moment de grande clarification comme il en existe rarement. Le dreyfusisme a pu en être un, l'expérience totalitaire un

1. Voir sur ce point l'interview de Milo-Lévy Bruhl par Olivier Pérou, *L'Express.fr*, 5 janvier 2024.

autre. La redistribution à laquelle il donne à voir renvoie à des cadres théoriques et pratiques très larges. Ces catégories sont immenses. Les désaccords ne sont pas l'affaire de détails ni de micro-divisions internes, mais bel et bien du rapport à l'universalité de la dignité humaine dans sa plus simple acception : culture totalitaire contre culture antitotalitaire – nous l'avons vu sur le rapport à la condamnation des actes du Hamas – universalité contre relativité de la dignité humaine – nous l'avons vu sur la fracturation du « camp » féministe. Le 7 octobre, parce qu'il voit l'essentiel être mis en jeu, fait reculer la focale. Il donne à voir la profondeur des fractures qui touche les gauches et la nature enfouie de leurs vues. Il réajuste la frontière qui sépare les ennemis des adversaires et révèle ce que l'on croyait acté chez tous ceux qui prennent part à la confrontation d'idées. Il rappelle enfin que le débat doit se tenir hors des cadres qui mettent en péril son existence, donc la force de l'idée d'universel dans sa plus simple et large acception.

Conclusion

L'étude de l'ordonnancement de ces clivages contemporains nous semble avoir été utile à plusieurs égards.

Le principal touche à l'importance des sujets qui ont retenu notre attention et à leur capacité à chambouler les boussoles politiques traditionnelles. Ces débats se tiennent à l'intérieur des différentes cultures et traditions des gauches : ils divisent au sein de la gauche antilibérale, au sens purement économique du terme, comme au sein des héritiers d'une deuxième gauche plus accommodante envers le marché. Ainsi, l'opposition entre les « gauches irréconciliables » ne recouvre nullement celle opposant une première gauche jacobine, révolutionnaire et empreinte de marxisme, à une deuxième gauche réformiste et libérale. Cette nouvelle opposition est interne, plurielle et ne se limite pas aux acteurs politiques. Elle infuse toutes les familles intellectuelles de la gauche.

La place des interrogations ayant trait aux identités est aujourd'hui structurante parce que la société française a eu à connaître de nouveaux faits sociaux et notamment le terrorisme djihadiste et ce qui en a découlé. Ce qui est alors entendu par « gauches irréconciliables » mélange très confusément des niveaux d'opposition aussi différents et non superposables que les clivages entre réforme et révolution, capitalisme et socialisme, Europe et nation, libéralisme et républicanisme. Il ne recouvre ni l'opposition de Jaurès et

Guesde, ni celle de Chevènement et Delors : à bien des égards, les éléments qui nous ont intéressés structurent les clivages d'une manière inédite.

L'existence de positions « irréconciliables », pour reprendre le terme polémique, nous apparaît néanmoins irréfutable. En témoigne la résurrection d'un clivage ayant trait à l'antitotalitarisme qui met en difficulté l'idée d'un socle de valeurs élémentaires à gauche. Celui-ci avait en effet pris assise sur la rupture de la gauche avec l'expérience totalitaire, son ralliement à la démocratie libérale et à une acception universaliste des droits fondamentaux. Avant la dissolution de l'Assemblée nationale et les dynamiques d'alliances électorales, je concluais la première version de ce travail par ces mots : « En dernier ressort, ce sont ces positions qui comptent. Et ce, quoi qu'advienne la conjoncture politique de la gauche de demain : une alliance future, si elle sera la vitrine de gauches réconciliées, n'invalidera en rien l'incompatibilité des positions. » Nous n'en retirerions pas un mot aujourd'hui.

Plus prosaïquement : où va la gauche, et notamment la gauche socialiste ? La stratégie unitaire peut indéniablement recouvrir sa part de courage. Mais la grandeur de la gauche ne peut à la fin des fins consister que dans la fidélité, parfois coûteuse à court terme, à ce qu'elle porte comme ambition de progrès et aux leçons de l'histoire. Faire front quand il le faut face à la possibilité que les forces réactionnaires accèdent à l'exercice du pouvoir ne peut s'accommoder du développement d'affects réactionnaires au sein même de la grande famille des progressistes. Cette exigence est d'autant plus précieuse que l'appel à l'union sera dépourvu de sens et rendu inaudible si la gauche tolère le développement en son sein de vues théoriquement symétriques à celles contre lesquelles elle entend se dresser.

Ce constat valide-t-il pour autant l'existence de gauches irréconciliables ? C'est davantage la lecture d'une gauche perçue comme scindée en deux de manière rigide et ordonnée que nous tenons pour paresseuse et insuffisante. Cette lecture ne résiste pas à l'examen attentif des clivages – articulés autour du degré d'importance attribué à certains enjeux et de la nature du traitement qui leur est réservé –, clivages dont les parties prenantes varient au gré des enjeux. Ce constat de volatilité complexifie l'opération visant à catégoriser ces différentes sensibilités. Nous l'avons constaté tout au long de sujets que nous avons examinés, l'étude appliquée des clivages met en difficulté l'opposition binaire d'une gauche qui serait d'un côté celle du travail, de la laïcité, de l'Europe, de l'appel au calme et de la modération et d'un autre celle de la paresse, du communautarisme, du souverainisme, de l'appel au désordre et de la radicalité. Une telle opposition supposerait que les agents de chaque camp soient systématiquement du même côté, sur chacune de ces thématiques prises isolément. Or, les effectifs en question ne se recouvrent pas. Un état des lieux rendu d'autant plus compliqué par une confusion des repères qui, nous l'avons vu, rend parfois bien plus difficile qu'on ne le croit de considérer rigoureusement une position comme relevant de la gauche ou de la droite, de l'idée progressiste ou de l'idée conservatrice. Nous touchons ici un point tactique essentiel. Au défi de mise en cohérence de ses propres positions s'ajoute celui de clarification de ce qui relève authentiquement de l'idée de progrès ou de l'idée de conservation, voire de réaction. Ces deux défis vont de pair tant le désordre règne.

Ce n'est pas en renvoyant les dérives intellectuelles d'une certaine gauche à une « extrême gauche » – renvoi qui fera le bonheur des auteurs de ces dérives, car pouvant se prévaloir du monopole d'une « vraie » et « authentique » lecture de la gauche – que l'on luttera efficacement contre ces dérives. Ce n'est pas en assimilant un supposé « wokisme » à l'extrême gauche que l'on parviendra à éteindre ce qu'il peut – quoi que l'on pense du qualificatif – recouvrir de pire. C'est au contraire en rappelant aux responsables de ces dérives qu'ils empruntent leurs arguments à des traditions politiques dont ils se pensent éloignés, les traditions conservatrice et réactionnaire, que l'on parviendra à débrancher et à toucher le point sensible d'une frange politique obnubilée par la pureté de sa conception de la gauche et du progrès.

La période est en effet celle de la pluralité des clivages, et cela n'est pas sans poser de difficulté substantielle s'agissant de la cohérence politique des acteurs et formations politiques. Une telle distorsion est frappante lorsque des positions théoriquement incompatibles sont simultanément tenues sans que cela n'interroge celui qui en est à l'origine.

Pour illustrer notre point, citons quelques couples de positions contradictoires constatées ces dernières années dans le champ idéologique progressiste : dénoncer l'universalisme républicain, mais promouvoir le droit d'asile ; justifier la distinction de « l'homme et de l'artiste », mais critiquer la remise du Nobel au nom des positions politiques personnelles de son lauréat, considérer le chômage comme subi et ne pouvant être un choix, mais associer la « valeur travail » à la droite ; avoir pour ambition l'application d'une politique socialiste et s'opposer à la politique de vaccination obligatoire ; promouvoir l'autorité républicaine sans condamner clairement l'existence de violences policières ; faire du voilement un symbole potentiellement féministe et soutenir les femmes iraniennes qui ne s'élèvent pas pour la liberté de porter ce qu'elles souhaitent, mais contre l'imposition d'une norme hétéronome patriarcale. Chacun de ces couples de positions contient deux propositions valables en elles-mêmes, prises isolément. Contradictoire, leur combinaison les invalide. Il n'est pourtant pas rare d'entendre dans le champ politique de telles associations formulées dans les deux sens, constat qui interroge la cohérence intellectuelle de ceux qui les formulent. Cette remarque s'appuie sur les vues d'Étienne Schweisguth quant à l'autonomie pratique de chacune des trois composantes qu'il considère comme relevant du « libéralisme culturel »: la conception de la famille et des mœurs, les valeurs universalistes et humanistes, le rapport à l'autorité[1]. Nous ajouterons à ce très juste constat sur l'autonomie de chacune de ces catégories que se superpose une question sémantique majeure. Si, théoriquement, la position considérée comme libérale s'agissant des « valeurs universalistes et humanistes » consiste logiquement à s'opposer à la position relativiste[2], la position universaliste doit en pratique souvent répondre de chefs d'accusation la considérant comme antilibérale. Les tenants de cette critique considérant, à l'inverse, la position relativiste comme véritablement respectueuse de l'idée de liberté (au nom de la lutte contre un universalisme surplombant et autoritaire, par exemple). Or, là encore, si la récupération opportuniste par le conservatisme de l'idée d'universel est une réalité, cette lecture n'en reste pas moins erronée.

La complexité du travail de catégorisation, entraînée par cette volatilité intellectuelle, est d'autant plus importante qu'elle a affaire à des référentiels devenus si communs qu'ils ne

1. Voir notamment Étienne Schweisguth, « Liberté, autorité et civisme, trente ans après Mai-1968 », dans Pierre Bréchon (dir.), *Les valeurs des français. Évolutions de 1980 à 2000*, Paris, Armand Colin, coll. « U », 2000, p. 157-178.

2. Armand Chanel, « Les avatars du libéralisme culturel. Le cas du libéralisme des mœurs », *Idées économiques et sociales*, vol. 181, n° 3, 2015, p. 59-68.

souffrent que de débats d'interprétation. Nous l'avons vu sur la question des classes populaires et de la liberté. Même celle de la social-démocratie a pu en être le cadre récemment. Ainsi, les parlementaires François Ruffin et Marc Ferracci, d'obédiences politiques pourtant aussi éloignées que ne le sont LFI et Renaissance, se disputaient la social-démocratie au cours d'un débat portant sur le niveau du Smic[1].

Nous avons tâché de souligner la pluralité des arguments parce que la valeur et la consistance d'une position se cachent davantage dans ce au nom de quoi elle est formulée que dans la position en elle-même. Si l'opposition des paroles et des actes, souvent pointée du doigt pour en souligner le décalage, est classique en politique, elle ne suffit pas. Il lui faut être accompagnée, et même précédée, par une cohérence d'une autre nature : celle de l'ordre des idées et des positions. La difficulté de « classification » qui en résulte ne doit pas susciter de réjouissance particulière au motif qu'il serait sain qu'un raisonnement se fasse à partir d'ingrédients sélectionnés ici et là, au mépris de toute cohérence logique. Le *cherry picking* de la vie politique n'est pas un signe de bonne santé démocratique, pas plus d'ailleurs qu'il n'est un signe de mauvaise santé démocratique. Il est en revanche le signe de la dilution d'une exigence d'autant plus noble qu'elle n'est pas toujours récompensée par la voix des urnes.

La plaie ouverte le 7 octobre dernier ne doit être ni sous-estimée dans son ampleur, ni oubliée dans son héritage. Ce troisième moment de fragilisation de l'ex-coalition parlementaire NUPES fut de loin le plus profond. Un premier était apparu sur le rapport aux mœurs et à la civilité parlementaires, à la suite de la qualification « d'assassin »

1. « Compte rendu de réunion n° 20 – Commission des affaires sociales », *Assemblée nationale.fr*, 16 novembre 2022.

d'Olivier Dussopt par Aurélien Saintoul, lors du débat sur la réforme des retraites. Une seconde fracture d'ampleur s'était manifestée lors des désaccords sur l'appel au calme à l'occasion des émeutes de l'été 2023. La séquence ouverte par les attaques du 7 octobre est d'abord celle qui voit les ruptures les plus profondes être consommées et le débat sur l'irréconciliabilité des positions se rouvrir et se clore dans le même temps. En témoigne l'explosion de la NUPES sur des différends moraux que les conflits sociaux et la crise du pouvoir d'achat avaient, près de dix-huit mois durant, permis de contenir. Mais plus largement, le « moment 7 octobre » est celui de la confirmation de l'importance des désaccords idéologiques et politiques irréductibles à de simples paniques identitaires qu'un « système » agiterait pour masquer l'asservissement économique et social des masses. En fin de compte, l'ensemble des conséquences que nous continuons d'observer apparaît comme une preuve irréfutable et de l'autonomie des superstructures de toutes natures (morale, idéologie, droit...). Elles sont une manifestation supplémentaire de la revanche qu'elles prennent sur la réduction de l'explication des sociétés aux seules conditions matérielles d'existence.

À l'heure où les diverses entreprises habilement menées par l'extrême droite semblent plus que jamais porter leurs fruits, une stratégie de conquête pensée autour de la maximisation d'un potentiel électoral permettant la qualification au second tour, mais éteignant dans le même temps tout espoir de victoire finale est non seulement une impasse stratégique, mais un renoncement moral. La seule radicalité ne fait pas une politique et la fin ne peut justifier les moyens : le combat que la gauche doit mener contre l'extrême droite ne peut en épouser ni la grammaire, ni les dispositifs théoriques. La grandeur non seulement de la gauche, mais de toutes les forces politiques qui entendent honnêtement lutter contre la perspective d'une victoire réactionnaire en 2027 se mesurera dans leur capacité à rester fidèles aux principes qui les animent, comme dans leur capacité à se faire la violence de douter et de penser contre eux-mêmes. À cette exigence s'ajoute, là encore, celle de la cohérence, marque de respect envers les citoyennes et les citoyens qui accordent leur confiance par le vote. On ne peut, au titre de cette exigence, mettre en crise un discours prétendument parlementariste, anti-présidentialiste et démocratique et contredire chacun de ces points en pratique dans le combat politique : refuser ainsi la logique d'une coalition à l'Assemblée nationale, conditionner l'éligibilité des candidats investis au total alignement sur la position du chef, verrouiller les processus d'expression internes au parti.

L'action politique est minée de pièges : agir en conformité avec des principes implique plus que jamais d'avoir le courage de douter, celui qui conduit souvent à faire le choix apparemment le plus imprudent. C'est, au fond, ce que notre proposition de portrait de la gauche nous laisse à penser et nous incite à encourager.

Chronologie indicative

21 avril 2002 : Qualification de Jean-Marie Le Pen au second tour de l'élection présidentielle, élimination de Lionel Jospin

3 mars 2004 : Adoption de la loi sur les signes religieux dans les écoles publiques

6 mai 2007 : Élection de Nicolas Sarkozy à la présidence de la République, défaite de Ségolène Royal

10 mai 2011 : Publication du rapport « Gauche : quelle majorité électorale pour 2012 » par la fondation Terra Nova

16 octobre 2011 : Victoire de François Hollande à la primaire socialiste pour l'élection présidentielle 2012

22 janvier 2012 : Discours de François Hollande au Bourget

15 et 19 mars 2012 : Attentats de Mohammed Merah

6 mai 2012 : Élection de François Hollande à la présidence de la République

1er janvier 2013 : Entrée en vigueur du Crédit d'impôt pour la compétitivité et pour l'emploi

31 mars 2014 : Nomination de Manuel Valls en tant que Premier ministre

7 et 9 janvier 2015 : Attentats contre Charlie-Hebdo et contre l'Hyper Cacher de la porte de Vincennes

13 novembre 2015 : Attentats contre le Stade de France, les terrasses et le Bataclan

16 novembre 2015 : Discours de François Hollande au congrès, évocation de la question de la déchéance de nationalité

10 février 2016 : Création de LFI

Mars 2016 : Création du Printemps républicain

31 mars 2016 : Début du mouvement Nuit débout en opposition le projet de « loi Travail » (El Khomri)

29 janvier 2017 : Victoire de Benoît Hamon à la primaire citoyenne, face à Manuel Valls

30 mars 2017 : Manuel Valls annonce son soutien à Emmanuel Macron et quitte le PS

7 mai 2017 : Élection d'Emmanuel Macron à la présidence de la République

Novembre 2018 : Début du mouvement des Gilets jaunes

10 avril 2022 : Lors du premier tour de l'élection présidentielle, Jean-Luc Mélenchon (LFI) récolte 21,95 % des suffrages exprimés, Anne Hidalgo (PS) en récolte 1,75 %

Juin 2022 : Élections législatives et création de la coalition NUPES, rassemblant le PCF, LFI, EELV et le PS

Juillet 2023 : Émeutes urbaines à la suite de la mort de Nahel Merzouk, tué par un policier à Nanterre le 27 juin 2023

7 octobre 2023 : Attaque surprise du Hamas contre Israël

9 juin 2024 : Dissolution de l'Assemblée nationale

7 juillet 2024 : L'union des gauches intitulée Nouveau Front populaire (NFP) obtient 178 sièges à l'Assemblée nationale

Annexe

L'évolution de la part de vote socialiste dans les catégories populaires (ouvriers et employés) aux premiers tours des élections présidentielles de 1988 à 2022 (en pourcentages)[1]

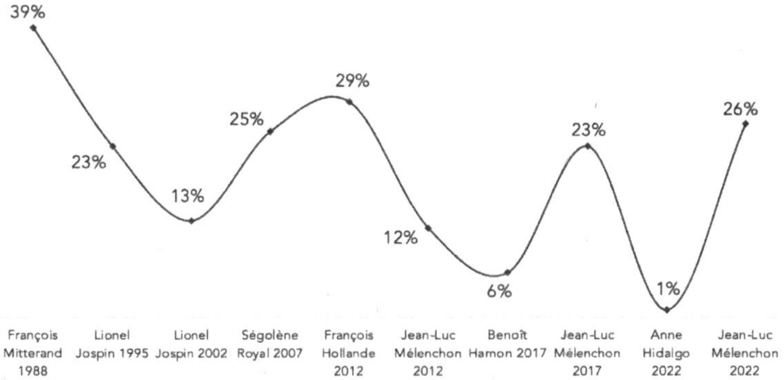

1. Sources : Catégorie socio-professionnelle individuelle déclarée. De 1988 à 2007, données compilées dans l'article d'Elisabeth Dupoirier, « L'électorat présidentiel de Ségolène Royal », *Revue française de science politique*, vol. 57, 2007. Pour 2012, 2017 et 2022, les chiffres sont issus des enquêtes post-électorales réalisées par l'institut Ipsos. Attention, les effectifs des catégories d'ouvriers et d'employés ont varié au cours du temps.

Bibliographie

Cette bibliographie regroupe l'ensemble des références utilisées et citées, même succinctement, dans ce livre.

Ouvrages

Amselle, Jean-Loup. *Les nouveaux rouges-bruns. Le racisme qui vient*. Fécamp : Lignes, 2014

Arthaud, Nathalie. *Communiste, révolutionnaire, internationaliste !*. Pantin : Les bons caractères, 2022

Baumel, Laurent et Kalfon, François. *Plaidoyer pour une gauche populaire. La gauche face à ses électeurs*. Bordeaux : Le Bord de l'eau, 2011

Baumel, Laurent et Kalfon, François. *L'équation gagnante. La gauche peut-elle enfin remporter la présidentielle ?*. Bordeaux : Le Bord de l'eau, 2011

Bayart, Jean-François. *Les fondamentalistes de l'identité. Laïcisme versus djihadisme*. Paris : Karthala, 2016

Beckert, Jean-Jacques et Candar, Gilles. *Histoire des gauches en France*, vol. I et II. Paris : La Découverte, 2004

Bouvet, Laurent. *L'insécurité culturelle*. Paris : Fayard, 2015

Bouvet, Laurent. *Le sens du peuple. La gauche, la démocratie, le populisme*. Paris : Gallimard, 2012

Candar, Gilles. *Pourquoi la gauche ? De la commune à nos jours*. Paris : PUF, 2022

Brustier, Gaël. *Recherche le peuple désespérément*. Paris : François Bourin, 2009

Chabal, Émile. *A Divided Republic. Nation, State and Citizenship in contemporary France*. Cambridge: Cambridge University Press, 2016

Ciotti, Éric. *Autorité*. Paris: Le poche du moment, 2016

Conan, Éric. *La gauche sans le peuple*. Paris: Fayard, 2004

Corcuff, Philippe. *La grande confusion. Comment l'extrême droite gagne la bataille des idées*. Paris: Textuel, 2021

Darmanin, Gérald. *Le séparatisme islamiste. Manifeste pour la laïcité*. Paris: L'Observatoire, 2021

Dreyfus, Michel. *L'antisémitisme à gauche. Histoire d'un paradoxe, de 1830 à nos jours*. Paris: La Découverte, 2009

Gorz, André. *Les adieux au prolétariat. Au-delà du socialisme*. Paris: Galilée, 1980

Ferhat, Ismaël. *Les foulards de la discorde*. La Tour d'Aigues/Paris: l'Aube/Fondation Jean-Jaurès, 2019

Finchelstein, Gilles. *Piège d'identité. Réflexions (inquiètes), sur la gauche, la droite, la démocratie*. Paris: Fayard, 2016

Fukuyama, Francis. *La fin de l'histoire*. Paris: Flammarion, 1992

Hirsch, Robert. La gauche et les juifs. Bordeaux: Le Bord de l'eau, 2022

Huntington, Samuel. *Le choc des civilisations*. Paris: Odile Jacob, 1997

Jaurès, Jean et Guesde, Jules. *Discours des deux méthodes*. Paris: Le Passager clandestin, 2007 (présenté par Jean-Numa Ducange)

Julliard, Jacques. *Les gauches françaises. 1762-2012: Histoire, politique et imaginaire*. Paris: Flammarion, 2012

Julliard, Jacques. *Allons-nous sortir de l'histoire ?*. Paris: Flammarion, 2019

Julliard, Jacques et Michéa, Jean-Claude. *La gauche et le peuple*. Paris: Flammarion, 2014

Kalfon, François et Klein, Tristan. *Le temps de la réconciliation. La gauche et le travail*. Paris: Graffic-Bruno Leprince, 2008

Karsenti, Bruno et Lemieux, Cyril. *Socialisme et sociologie*. Paris: EHESS, 2017

Laborde, Cécile. *Philosophie libérale de la religion*. Paris : Hermann, 2023

Lacroix, Justine et Pranchère, Jean-Yves. *Les droits de l'homme rendent-ils idiot ?*. Paris : Seuil, coll. « La République des idées », 2019

Manent, Pierre. *Situation de la France*. Paris : Desclée de Brouwer, 2015

Martigny, Vincent. *Dire la France. Culture(s) et identités nationales (1981-1995)*. Paris : Presses de Sciences Po, 2016

Matonti, Frédérique. *Comment sommes-nous devenus réacs ?*. Paris : Fayard, 2021

Mélenchon, Jean-Luc et Amar, Cécile. *De la vertu*. Paris : Pluriel, 2017

Michéa, Jean-Claude. *Lettres croisées avec Jacques Julliard*. Paris : Flammarion, 2014

Michéa, Jean-Claude. *Notre ennemi le capital : notes sur la fin des jours tranquilles*. Paris : Flammarion, coll. « Climats », 2017

Miquet-Marty, François. *Les oubliés de la démocratie*. Paris : Michalon, 2011

Neiman, Susan. *La gauche n'est pas woke*. Paris : Flammarion, coll. « Climats », 2024

Péguy, Charles. Œuvres en prose complète. Paris : La Pléiade, 1988

Pettit, Philip. *Républicanisme. Une théorie de la liberté sur le gouvernement*. Paris : Gallimard, 2004

Prochasson, Christophe. *La gauche est-elle morale ?*. Paris : Flammarion, 2010

Rey, Henri. *La gauche et les classes populaires. Histoire et actualité d'une mésentente*. Paris : La Découverte, 2022

Rocard, Michel. *Questions à l'État socialiste*. Paris : Stock, 1972

Rocard, Michel. « La social-démocratie et nous », dans *Qu'est-ce que la social-démocratie ?*. Paris : Seuil, 1979

Rouban, Luc. *La vraie victoire du RN*. Paris : Presses de Sciences Po, 2023

Rousseau, Jean-Jacques. *Du contrat social*. Amsterdam : Marc Michel Rey, 1762

Royal, Ségolène. *Lettre à tous les résignés et indignés qui veulent des solutions.* Paris : Plon, 2011

Roza, Stéphanie. *La gauche contre les lumières.* Paris : Fayard 2020

Ruffin, François. *Je vous écris du front de la somme.* Paris : Les liens qui libèrent, 2022

Spitz, Jean-Fabien. *La république ? Quelles valeurs ? Essai sur un nouvel intégrisme politique.* Paris : Gallimard, 2022

Valls, Manuel. *L'énergie du changement.* Paris : Le cherche midi, 2011

Wolff, Francis. *Plaidoyer pour l'universel.* Paris : Fayard, 2019

Presse écrite et en ligne

« Interview de Jean-Luc Mélenchon par Vincent Ortiz », *Le vent se lève*, 13 décembre 2023

« PS : Terra Nova nie vouloir "abandonner" les classes populaires ». *Le Monde*, 13 mai 2011

« Déchéance de nationalité : Macron parle de son "inconfort philosophique" ». *Le Point*, 9 février 2016

Lebourg, Éloïse. « L'enfance misérable des frères Kouachi ». *Reporterre.net*, 15 janvier 2015

Belaïch, Charlotte. « Daniel et David Guiraud, politiques de pères en schismes ». *Libération*, 15 décembre 2023

Bensaïd, Daniel, Joshua, Samuel et Vachetta Roseline. « Quand la raison s'affole ». *Libération*, 21 mars 2005

Bergounioux, Alain, Le Gall, Gérard et Richard, Alain. « Pourquoi nous n'avons pas signé le rapport Terra Nova ». *Le Nouvel Obs*, 2011

Bouchet-Petersen, Jonathan. « L'entre-deux France dans l'œil de la gauche populaire ». *Libération*, 28 septembre 2012

Bouvet, Laurent. « Théorie du genre, PMA, fin de vie : comment Hollande a remplacé le social par le sociétal ». *Le Figaro*, 3 septembre 2014

Bouvet, Laurent. « Sortons de l'économisme pour repenser notre commun ». *Le Monde*, 13 mai 2016

Bouvet, Laurent. « J'espère qu'il restera mes livres et une certaine cohérence intellectuelle ». *Le Point*, 11 février 2020

Breteau, Pierre, Pouchard, Alexandre et Laurent, Samuel. « L'inscription dans la Constitution, une proposition régulièrement dégainée par les politiques ». *Le Monde*, 26 juin 2018

Brun, Philippe. « L'immigration n'est pas au cœur des revendications des gens », Interview par Clément Pétreault. *Le Point*, 16 janvier 2023

Brustier, Gaël. « Gauche populaire : quelques vérités ». *Libération*, 4 janvier 2013

Cassini, Sandrine. « À la NUPES, divisions à tous les étages ». *Le Monde*, 17 juillet 2023

Clavreul, Gilles. « "Tenaille identitaire" : la réponse de Gilles Clavreul à Alain Finkielkraut ». *Figaro Vox*, 29 avril 2021

Delsol, Chantal. « La gauche préfère le sociétal au social ». *Le Figaro*, 11 août 2023

Escalona, Fabien. « Opposer social et sociétal : le piège dans lequel François Ruffin saute à pieds joints ». *Mediapart*, 6 juin 2023

Fassin, Didier. « Le spectre d'un génocide à Gaza ». *AOC*, 1er novembre 2023

Feher, Michel. « Avec le RN, les gens s'entendent dire que les choses vont s'améliorer sans qu'ils n'aient rien à changer ». *Mediapart*, 7 septembre 2024

Girard, Charles. « Pourquoi a-t-on le droit d'offenser ? ». *La vie des idées*, décembre 2020

Glucksmann, Raphaël. « C'est la défaite de l'universalisme qui se joue en ce moment ». *L'Express*, 24 octobre 2023

Illouz, Eva. « Génocide à Gaza ? Eva Illouz répond à Didier Fassin ». *Revue K*, 15 novembre 2023

Karsenti, Bruno. « L'autre bataille d'Israël ». *Revue K*, 8 novembre 2023

Levy-Bruhl, Milo. « "LFI semble s'être accommodée d'une potentielle victoire de Le Pen" », Interview par Olivier Pérou. *L'Express*, 5 janvier 2024

Pech, Thierry. « Chacun cherche son peuple ». *La Grande Conversation*, 7 novembre 2021

Policar, Alain. « Un républicanisme identitaire ». *Nonfiction.fr*, 7 mars 2019

Pranchère, Jean-Yves. « Comprendre la "laïcité à la française" : malentendus, mythes et réalités ». *The Tocqueville Review*, vol XLIV, n° 2, 2023

Pranchère, Jean-Yves. « Catho-laïcité ». *Revue des deux mondes*, avril 2011

Pranchère, Jean-Yves. « Tourmentes laïques », *INRER.fr*, 15 novembre 2019

Prochasson, Christophe. « Jaurès ou le pacifisme de la raison », *AOC*, 4 avril 2024

Quinault-Maupoil, Tristan. « Gérald Darmanin au *Figaro* : "Ce qui m'inquiète maintenant est ce qu'il se passera en 2027" ». *Le Figaro.fr*, 13 août 2023

Le Pen, Jean-Marie. « Interview ». *Vie publique.fr*, 1er décembre 1997

Montebourg, Arnaud. « La gauche sociétale a déserté le récit national ». *Libération*, 3 septembre 2021

Narassiguin, Corinne. « Défendre le droit de porter le voile n'est pas un combat féministe ». *Le Monde*, 18 octobre, 2022

Rocard, Michel et Ricœur, Paul. « Entretien croisé ». *Revue Esprit*, janvier 1991

Rossignol, Laurence. « Le mouvement féministe doit être protété des accès de fièvre identitaire et du sectarisme ». *Le Parisien*, 17 mars 2024

Rossignol, Laurence et Brun, Philippe. « Une ligne populaire pour sauver la gauche ». *Libération*, 25 novembre 2022

Ruffin, François. « Jusqu'ici, nous ne parvenons pas à muer en espoir la colère des "Fâchés pas fachos" », interview par Rachid Laïreche. *Libération*, 13 avril 2022

Ruffin, François. « On ne doit pas devenir la gauche des métropoles contre la droite et l'extrême droite des bourgs et des champs », Interview par Abel Mestre et Julie Carriat. *Le Monde*, 22 juin 2022

Ruffin, François, « “Notre parole n’est pas à la hauteur de la gravité des événements” en Israël ». *Le Monde*, 10 octobre 2023

Ruffin, François. « Un désaccord moral et électoral s’est creusé avec Jean-Luc Mélenchon ». *Le Nouvel Obs*, 11 septembre 2024

Articles scientifiques

Dupoirier, Élisabeth. « L’électorat présidentiel de Ségolène Royal ». *Revue française de science politique*, vol. 57, 2007

Mayer, Nonna. « Que reste-t-il du vote de classe? Le cas français », in *Lien social et politique*, n° 49, printemps 2003,

Scweisguth, Étienne, « Liberté, autorité et civisme, trente ans après mai 1968 », dans Bréchon, Pierre. *Les valeurs des français. Évolutions de 1980 à 2000.* Paris: Armand Colin, coll. « U », 2000

Rapports et notes

Ferrand, Olivier, Prudent, Romain et Jeanbart, Bruno. *Gauche: quelle majorité électorale pour 2012*, 2021

Broche, Adrien. « La gauche, les travailleurs immigrés et la question sociale: retour historique ». Paris: Fondation Jean-Jaurès, mars 2021

Sondages d’opinion

Ipsos. « Enquêtes post-électorales années 2012, 2017 », 2022

Viavoice. « Enquête post-électorale pour *Libération* », avril 2022

Discours et oralité

Discours de Michel Rocard à l'occasion du congrès de Nantes (PS), juin 1977

Discours de François Hollande au Bourget, 26 janvier 2012

Discours de Manuel Valls à l'occasion d'une cérémonie organisée par le CRIF en hommage aux victimes des attentats à Paris, 9 janvier 2016, 20e arrondissement de Paris

Discours de Manuel Valls à l'université d'été du MEDEF, 6 octobre 2014, Londres

Discours de Gérald Darmanin au Sénat le 5 juillet 2023

Discours d'Emmanuel Macron sur la « lutte contre le terrorisme », 10 avril 2017

Discours d'Emmanuel Macron sur la « lutte contre les séparatismes », 2 octobre 2020

Judith Butler lors d'une table ronde à Pantin, 3 mars 2024

Discours de Jean-Luc Mélenchon à l'institut La Boétie, 8 septembre 2023

Discours de Nicolas Sarkozy au Palais du Latran, 20 décembre 2007

Discours de Nicolas Sarkozy au dîner du CRIF, 13 février 2008

Discours de Nicolas Sarkozy au Puy-en-Velay, 3 mars 2011

Débat en commission des affaires sociales, Assemblée nationale, 16 novembre 2022

Séminaires de Frédéric Brahami, Bruno Karsenti et Christophe Prochasson à l'École des hautes études en sciences sociales (EHESS), 2017-2024

Communiqués et tribunes

Collectif. « "Islamo-gauchisme" : Nous, universitaires et chercheurs, demandons avec force la démission de Frédérique Vidal », 20 février 2021

Collectif. « Université : L'universalisme républicain ne se décrète pas, il se construit ». *Lemonde.fr*, 5 janvier 2022

Collectif. « Pour la reconnaissance d'un féminicide de masse en Israël le 7 octobre ». *Libération.fr*, 10 novembre 2023
Collectif. « Propagande de guerre pro-israélienne : notre féminisme ne se laissera pas enrôler ! ». *Le Media.fr*, 21 novembre 2023
Kazib, Anasse. « Polémique FCPE : Lutte ouvrière dans la surenchère contre le voile ». *Révolution permanente*, 27 septembre 2019
Lutte ouvrière, « L'extrême gauche, la question palestinienne et le Hamas ». *Lutteouvriere.fr*, 10 décembre 2023
Mélenchon, Jean-Luc. « Nazi ou pas ? Mélenchon répond à la ministre Retailleau ». *L'insoumission.fr*, 29 avril 2024
Mélenchon, Jean-Luc. « Le calme, ça se construit – En tout franchise ». *Mélenchon.fr*, 2 juillet 2023
Printemps républicains. « De la tenaille identitaire et de la lutte contre l'extrême droite ». 22 novembre 2020
UMP (Union pour un pouvement populaire), 13 mai 2011

Télévision et vidéo

Interview de Lionel Jospin par David Pujadas, 21 février 2002
Interview de Lionel Jospin sur TF1, 21 janvier 1998
Luc Ferry dans une émission de CNews, 1er janvier 2022
Interview de Nathalie Arthaud sur LCI, 25 septembre 2019
Alexandre Devecchio sur CNews, 10 décembre 2022
Interview de Nathalie Arthaud dans l'émission en ligne « À l'air libre ». *Mediapart.fr*, 14 mars 2022
Débat opposant Gérald Darmanin et Marine Le Pen dans l'émission « Vous avez la parole », France 2, 11 février 2021
Interview de Raquel Garrido sur Public Sénat, 14 novembre 2023
Interview de Clémentine Autain dans le Grand Jury, RTL-*Le Figaro*-M6, 15 octobre 2023
Interview de Jean-Luc Mélenchon, 24 août 2024
Interview de Patrick Buisson par Apolline de Malherbe sur BFMTV, 8 mai 2021
Éric Zemmour sur CNews, 29 septembre 2020 et 15 octobre 2020

Radio

Interview de Manuel Valls, France Culture, 18 mai 2015
Émission « La gauche et le peuple, l'heure des retrouvailles ? », RFI, 23 janvier 2012
Interview d'Arlette Laguiller par Léa Salamé dans l'émission « Femmes puissantes », France Inter, 10 juillet 2021
Interview de Sandrine Rousseau sur Europe 1, 1er septembre 2022
Interview de Gérald Darmanin par Agathe Lambret, France Info, 8 décembre 2023
Interview de Danièle Obono sur Sud Radio, 17 octobre 2023
Interview de Rima Hassan sur France Inter, 19 mars 2024
Chronique d'Éric Zemmour sur RTL, 23 avril 2015

Table des matières

Reconnue d'utilité publique dès sa création, la Fondation Jean-Jaurès est la première des fondations politiques françaises. Indépendante, européenne et sociale-démocrate, elle se veut depuis trente ans un lieu de réflexion, de dialogue et d'anticipation. Les partenariats éditoriaux qu'elle engage répondent à l'ambition de faire naître analyses pertinentes et propositions audacieuses, mais aussi de mettre cette production intellectuelle et politique au service de tous. Laurent Cohen et Jérémie Peltier sont directeurs des publications de la Fondation Jean-Jaurès.

Pour limiter l'empreinte environnementale de leurs livres,
les éditions de l'Aube font le choix de papiers
issus de forêts durablement gérées et de sources contrôlées.

Achevé d'imprimer en décembre 2024
sur les presses de l'imprimerie Firmin-Didot
pour le compte des éditions de l'Aube
331, rue Amédée-Giniès, F-84240 La Tour-d'Aigues

Numéro d'édition: 5888
Dépôt légal: janvier 2025
Numéro d'impression: 182405

Imprimé en France